Inhaltsverzeichnis

Vorwort

Liebe Kolleg*Innen,

wir alle wissen, wie gern Kinder mit Erde spielen. Sie buddeln Löcher in den Boden, aus Lehm wird ein Turm gebaut und kleine Tiere wie Regenwürmer oder Kellerasseln werden ausgegraben und neugierig beobachtet.
Was für uns Erwachsene meist nur eine „Hand voll Dreck" ist, das ist der Boden, auf dem wir leben. Die Erde enthält viele wichtige Nährstoffe und auf ihr bauen wir Getreide, Obst und Gemüse an. Außerdem ist sie ein Lebensraum für viele Tiere, Bakterien und Pilze.
Es gibt zahlreiche unterschiedliche Erdsorten, wie zum Beispiel Sand, Lehm, Torf und Gartenerde. Erde kann feucht oder trocken, schwer oder leicht sein, zusammenkleben oder wie Sand leicht auseinanderrieseln. Sie kann unterschiedliche Farbtöne haben, wie zum Beispiel Braun, Gelb oder Rot.

All dies können wir mit unseren Sinnen wahrnehmen: Wir können die Erde sehen, sie riechen, fühlen und manchmal sogar hören. Heben wir eine Hand voll Erde auf, so nehmen wir viele kleine Details wahr: Wir fühlen, ob sie krümelig ist, wir bemerken kleine Steinchen darin und winzige abgestorbene Wurzelhärchen. Wer genau hinschaut, der findet bestimmt auch kleine Tierchen in der Erde, mit etwas Glück vielleicht sogar einen Regenwurm.

Geben Sie den Kindern die Möglichkeit, das Element Erde mit allen Sinnen wahrzunehmen und zu erleben. Und keine Sorge, wenn Sie sich auf ein solches Projekt einlassen, heißt das nicht, dass Sie sich während der Projektzeit ausschließlich draußen aufhalten müssen. Viele Angebote lassen sich auch in der Kita durchführen, sodass dieses Projekt zu jeder Jahreszeit realisiert werden kann.

In dieser Projektmappe finden Sie zahlreiche praktische Anregungen, wie Sie Ihren Kindern das Thema „Erde" auf eine ganzheitliche Art und Weise näherbringen können.
Unter Berücksichtigung der einzelnen Bildungspläne werden alle Bildungs- und Erziehungsbereiche angesprochen. Dabei sind jedem Bildungsbereich mehrere Aktivitäten zugeordnet.
Einige Aufgaben, zum Beispiel in „Umwelt-, Sach- und Naturbegegnung", sprechen oft verschiedene Bereiche gleichzeitig an und wurden hier gemäß ihrem Schwerpunkt zugeordnet.
Jedes Angebot umfasst eine Materialliste, eine Spielanleitung und ggf. Kopiervorlagen. Sämtliche Aktivitäten richten sich in erster Linie an Kindergartenkinder im Alter von 3 – 6 Jahren. Unter Berücksichtigung der zunehmenden Aufnahme von unter 3-Jährigen in Kindertageseinrichtungen sind viele Aufgaben so ausgerichtet, dass sie auch mit diesen Kindern durchführbar sind. Einen Hinweis dazu finden Sie bei den jeweiligen Angeboten, siehe auch die Symbole auf der nächsten Seite.

Ich wünsche Ihnen und den Kindern eine spannende Zeit mit diesem Projekt!

Jenny Hütter

Rückmeldung:
Gern lese ich Ihre Meinung
zu der Projektmappe
„Erde":
jenny-huetter@web.de

Hinweis:
Aus Gründen der besseren Lesbarkeit wird im Folgenden auf eine sprachliche Differenzierung der Geschlechterbezeichnungen verzichtet. Da die Erzieher*innen in Kindertagesstätten zumeist weiblich sind, haben wir uns hier für die weibliche Form entschieden. Selbstverständlich sind stets alle Geschlechter angesprochen.

Vorbemerkungen und Arbeitshinweise

Zu den verwendeten Symbolen

Bildungsbereiche (jeweils das äußerste Symbol oben rechts auf den Arbeitsblättern):

 Sprachliche Bildung

 Musikalische Bildung

 Ästhetische Erziehung

 Umwelt-, Sach- und Naturbegegnung

 Gesundheit und Ernährung

 Mathematische Bildung

 Feste und Feiern

 Wahrnehmung und Entspannung

 Körpererfahrung und Bewegung

 Sozialerfahrungen

Sonstige Symbole:

 geeignet für die Begabtenförderung

 für unter 3-Jährige geeignet

Layout:

- Die Seiten mit dem **Maulwurf** im Layout unten rechts sind für die Erzieherin gedacht.

- Die Seiten mit dem **Regenwurm** unten rechts sind Arbeitsblätter, die direkt mit den Kindern bearbeitet werden können.

Wissenswertes zum Thema „Erde“

Woraus besteht ein Boden?
Ein Boden setzt sich aus vielen unterschiedlich großen Mineralkörnern zusammen.

Feinboden:	**Größe der Körner**	**Kennzeichen**
Ton:	< 0,002 mm	ist formbar, wenn er feucht ist, klebt an den Fingern
Schluff:	0,002 – 0,063 mm	fühlt sich mehlig an, haftet in den Fingerrillen
Sand:	0,063 – 2,0 mm	fühlt sich grob an, einzelne Körnchen sind erkennbar

Lehm ist ein Gemisch aus Mineralteilchen in allen drei Größen.

Grobboden: Zu ihm gehören alle Körner, die größer als 2,0 mm sind, also zum Beispiel Kies und größere Steine.

Die verschiedenen Bodenarten setzen sich aus einem unterschiedlichen Mengenverhältnis von Ton, Schluff und Sand zusammen. Es gibt auch reine Ton-, Schluff- oder Sandböden, doch bei den meisten Böden handelt es sich um Mischungen. Außer diesen Mineralteilchen enthält ein Boden **Humus.**
Als **Humus** bezeichnet man alle nicht lebenden organischen Materialien in und auf dem Boden (s. S. 4 „Wie wird ein Blatt zu Humuserde?“). Darüber hinaus befinden sich in einem Boden **Luft** (z. B. in Poren, Wurmgängen, Wurzelbahnen ...) und **Wasser.**
Ein Boden setzt sich folglich aus **Mineralkörnern, Humus, Luft** und **Wasser** zusammen. Obwohl die meisten Böden diese vier Bestandteile enthalten, können sie sich sehr voneinander unterscheiden. Wie ein Boden genau aussieht, hängt von verschiedenen Einflussfaktoren ab, wie zum Beispiel dem Klima (Hitze, Frost, Niederschläge ...), Pflanzen, Tieren etc. Auch das Ausgangsgestein, das den Untergrund des Bodens bildet, spielt dabei eine wichtige Rolle.

Vorbemerkungen und Arbeitshinweise

Welche Bodenschichten gibt es?

Wenn man ein tiefes Loch in die Erde gräbt, dann kann man im Boden einzelne Schichten erkennen, die sich farblich voneinander unterscheiden. Zuoberst liegt der **Oberboden.** Er ist meist dunkel gefärbt, locker und krümelig. In ihm befinden sich sehr viele Wurzeln und Bodenlebewesen und hier wird Humus gebildet.
Der etwas tiefer liegende **Unterboden** ist oftmals heller gefärbt und weniger stark durchwurzelt. In ihm lebt auch eine gewisse Anzahl an Bodenlebewesen. Unter dem Unterboden liegt das **Ausgangsgestein.**
Der Oberboden wird oft von einer Schicht organischem Material bedeckt, wie zum Beispiel von Laub oder Nadelstreu, das mehr oder weniger stark zersetzt sein kann.

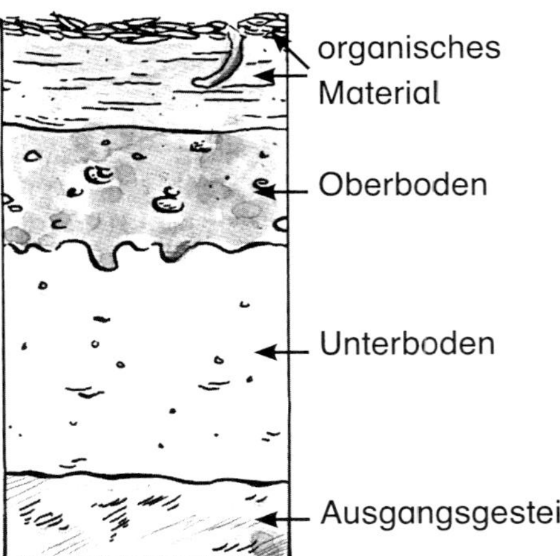

Wie wird ein Blatt zu Humuserde?

Jeder „natürliche“ Abfall wird von der Natur wieder recycelt. Dies gilt für abgestorbene Pflanzen ebenso wie für tote Lebewesen. An diesem Prozess sind zahlreiche Tiere, Mikroorganismen, Pilze und Algen beteiligt.
Wenn ein Blatt von einem Baum zu Boden fällt, kann man bereits nach wenigen Tagen eine Veränderung an ihm beobachten. Bakterien, Algen und Pilze siedeln sich an dem Blatt an und „weichen“ es auf. Anschließend wird es von kleinen Bodentieren, wie zum Beispiel Milben und Springschwänzen, angeknabbert. Das ehemals grüne Blatt verfärbt sich immer mehr und nimmt schließlich eine braune Farbe an. Mittlerweile werden auch winzige Löcher im Blatt sichtbar, die von den Tierchen hineingefressen wurden. Ein solches „bearbeitetes“ Blatt ist ein Leckerbissen für die etwas größeren Bodentiere, wie Regenwürmer, Asseln, Steinläufer etc. Regenwürmer können einzelne Blätter in ihre unterirdischen Gänge ziehen, wo das Blatt zusätzlich von Bakterien und Milben weiter zersetzt wird. Regenwürmer fressen auch die Erde, die sie selbst und andere Tiere (z. B. Steinkriecher, Asseln ...) in ihrem Kot wieder ausgeschieden haben.
Bis ein Blatt zu Humus geworden ist, wird es mehrfach „gefressen“. Das heißt, die von den Tieren ausgeschiedenen Reststoffe werden wiederum mehrfach von anderen Tieren gefressen. Das organische Material wird so vollständig zersetzt und zu dunkler Humuserde, in der Nährstoffe wie Stickstoff, Phosphor, Kohlenstoffdioxid und Wasser enthalten sind. Die Pflanzen nehmen diese Nährstoffe mit Hilfe ihrer Wurzeln aus dem Boden auf und somit schließt sich der Stoffkreislauf.
Ist im Kindergarten ein **Komposthaufen** vorhanden, so kann man den Kindern an ihm sehr schön diesen Prozess erklären.

Der Regenwurm

Weltweit gibt es sehr viele verschiedene Regenwurmarten. In Deutschland sind der Tauwurm (ca. 9 – 30 cm lang) und der kürzere Kompostwurm (ca. 6 – 13 cm lang) am stärksten verbreitet.
Oft wird angenommen, dass der Name „Regenwurm“ daher kommt, dass der Regenwurm bei starkem Regen den Boden verlässt, da seine Gänge sich mit Wasser füllen und er ertrinkt. Tatsächlich kann ein Regenwurm jedoch über einen Tag lang auch in sehr nasser Umgebung überleben, solange das Wasser genügend Sauerstoff enthält. Einige Wissenschaftler vermuten, dass der Regenwurm seine unterirdischen Gänge verlässt, weil das Prasseln des Regens auf dem Boden die gleichen Frequenzen wie ein sich nahender Maulwurf hat, der ja bekanntlich mit Vorliebe Regenwürmer frisst.
Der Regenwurm ernährt sich von Erde und verrotteten Pflanzenresten. Er bewegt sich fort, indem er sich durch die Erde frisst. Sein Körper besteht aus bis zu 200 Segmenten, die wie Ringe aussehen. Eine Wachstumszone am Ende des Körpers sorgt dafür, dass sich am hinteren Ende immer wieder neue Segmente bilden. Wenn ein Regenwurm durchtrennt wird, leben nicht beide Teile weiter – sondern nur der vordere Teil, in dem sich die lebenswichtigen Organe befinden.
Wo sich der Kopf des Regenwurmes befindet, erkennt man an einer Verdickung im ersten Drittel des Tieres, dem sogenannten „Gürtel“. Mit seiner Mundöffnung saugt der Regenwurm die Nahrung an. So

Vorbemerkungen und Arbeitshinweise

kann er auch große Blätter in die Erde hinunterziehen. Der Regenwurm ist kein guter Futterverwerter: Ein großer Teil der aufgenommenen Nahrung wird wieder, jedoch mit vielen für den Boden wichtigen Nährstoffen angereichert, ausgeschieden.
An das Leben unter der Erde ist der Regenwurm optimal angepasst. Er kann nicht hören und sehen, reagiert allerdings auf Lichtreize und kann hell und dunkel unterscheiden. Er besitzt zudem einen hervorragenden Tast- und Vibrationssinn und nimmt auch die feinste Bodenerschütterung wahr. Dadurch wird er rechtzeitig vor herannahenden Feinden, wie zum Beispiel dem Maulwurf, gewarnt. Außerdem kann er riechen und besitzt einen sehr guten Geschmackssinn. Mit seinem Gravitationssinn erkennt er auch, wo oben und wo unten ist.
Der Regenwurm ist für unsere Böden in vielerlei Hinsicht unersetzlich. Zum einen ist er direkt an der Humusbildung beteiligt. Darüber hinaus trägt er durch das Graben seiner Gänge zu einer guten Durchlüftung und Auflockerung des Erdbodens bei. Dies ist wichtig, da zum Beispiel abgestorbene Pflanzenreste bei ausreichend Sauerstoff leichter durch aerobe Bakterien zersetzt werden können. Außerdem gelangt durch die Wurmgänge Wasser schneller in tiefere Erdschichten, wo es von Pflanzenwurzeln aufgenommen werden kann. Da der Regenwurm kreuz und quer durch die Erde kriecht, sorgt er für eine gute Durchmischung der Bodenschichten, sodass wertvolle Humusstoffe von der Erdoberfläche auch nach unten in tiefere Erdschichten transportiert werden.

Der Maulwurf
Der Maulwurf ist ein Einzelgänger und lebt in einem unterirdischen Gangsystem. Mit seinen schaufelförmigen Händen gräbt er sich durch die Erde und kann so das bis zu 20-fache seines eigenen Körpergewichtes beiseiteschaufeln. Die ausgehobene Erde wird in kleinen Haufen an die Oberfläche geschoben. So entstehen die typischen Maulwurfshügel.
Die einzelnen Gänge sind miteinander verbunden und häufig kreisförmig angeordnet. Sie münden in mehrere Schlaf-, Nest- und Vorratskammern. Der größte Teil der Gänge befindet sich relativ dicht (ca. 10 – 20 cm) unter der Erdoberfläche.
Der Maulwurf hält keinen Winterschlaf und ist sowohl tagsüber als auch nachts aktiv. Alle vier bis fünf Stunden legt er eine ebenso lange Schlafpause ein.
An das Leben unter der Erde ist er optimal angepasst: Mit seinen kleinen, kaum erkennbaren Augen kann er nur sehr schlecht sehen und lediglich hell und dunkel unterscheiden. Allerdings besitzt er ein ausgezeichnetes Gehör, einen sehr ausgeprägten Tastsinn und einen guten Geruchssinn. Mit seinem Vibrationssinn nimmt er auch die kleinsten Erschütterungen in der Erde wahr.
Ein Maulwurf ist immer ein Anzeichen für einen guten, „belebten" Boden, da viele Kleinstlebewesen (Insekten, Regenwürmer etc.) auf seinem Speiseplan stehen. Außerdem frisst er auch Schnecken, Engerlinge und vieles mehr und trägt somit wesentlich zur Schädlingsbekämpfung in einem Garten bei.

Tipps und Anregungen zu den einzelnen Angeboten

Zum Umgang mit den Arbeitsblättern:
Diese Projektmappe enthält auch einige Arbeitsblätter, deren Aufgabenstellung Sie mit den Kindern in Kleingruppen besprechen (vorlesen) müssen.
Für die Aufbewahrung der Arbeitsblätter gibt es, je nach Gruppensituation und organisatorischen Bedingungen, verschiedene Möglichkeiten:

- Ablagefächer (alternativ unifarben gestaltete Deckel von Kopierpapierkartons). Die Kinder haben so freien Zugriff auf die darin sortierten Arbeitsblätter und können ihre Aufgaben selbst auswählen.
- Jedes Kind verfügt über einen Schnellhefter, in den die Erzieherin regelmäßig nach Alter und Entwicklungsstand ausgewählte Arbeitsblätter (z. B. zwei Arbeitsblätter pro Woche) einheftet oder gemeinsam mit dem Kind aussucht. Die Kinder wählen die Zeit zur Bearbeitung entweder frei oder es gibt festgelegte Zeiten, innerhalb derer das Kind seine Arbeitsblätter bearbeiten kann.
- Die fertiggestellten Arbeitsblätter werden im Schnellhefter oder in einer Sammelmappe / einem Sammelordner abgeheftet bzw. gehören als Anlage zur Bildungsdokumentation oder zum Portfolio.

Vorbemerkungen und Arbeitshinweise

Allgemeine Informationen zu dem Bereich „Sprachliche Bildung", ab S. 8:
Für zusätzliche Wortschatz-Übungen, zum Beispiel zum Thema „Gemüse, das in der Erde wächst", können auch gut die Gemüse-Bildkarten aus dem Bereich „Gesundheit und Ernährung" (S. 33) verwendet werden.

Abzählvers zum Thema „Erde":
Über unsre Erde,
da laufen viele Pferde.
Da läuft die Kuh, der Mensch, die Maus –
und du bist raus.

Zu „Hugo und Max auf Entdeckertour", S. 11:
Weiterführende Fragen für einen Gesprächskreis:
- Hattet ihr schon einmal vor etwas Angst?
- Was habt ihr in der Situation gemacht, als ihr Angst hattet?
- Was wollte der Maulwurf von Hugo und Max? Warum hat er sie verfolgt?
- Gibt es noch andere Tiere, vor denen Regenwürmer Angst haben könnten?
- Welche Tiere leben noch in der Erde?

Zu „Käfertanz zu Camille Saint-Saëns' ‚Fossilien'", S. 19 – 20:
Weiterführende Idee: Malen nach Musik
Geben Sie jedem Kind einen großen Papierbogen und zwei Wachsmalstifte. Die Kinder knien sich vor ihre Blätter und die Musik wird abgespielt. Im Takt zur Musik dürfen die Kinder nun ihre Stifte „über das Papier tanzen lassen". Dabei geht es nicht darum, dass die Kinder etwas Detailliertes zeichnen, sondern darum, dass die Kinder die Musik „fühlen" und sie durch das Malen ausdrücken. Ob die Kinder mit einer Hand oder mit beiden Händen malen, dürfen sie selbst entscheiden. Hilfreich ist es, wenn die Kinder dabei die Augen schließen, so können sie die Musik meist besser spüren.

Allgemeine Information zu den Bastelarbeiten im Bereich „Ästhetische Erziehung", ab S. 21:
Fotografieren Sie die Materialzusammenstellung und jeden einzelnen Arbeitsschritt. Kleben Sie die entwickelten Fotos mit der Auflistung der Materialien bzw. mit der dazugehörigen schriftlichen Arbeitsanweisung auf DIN-A5-Karten, nummerieren Sie die Karten in der richtigen Reihenfolge und laminieren Sie diese. So erhalten Sie bebilderte Karten, die Ihre Kinder zum selbstständigen Arbeiten motivieren.

Zu „In welche Richtung wachsen Wurzeln?", S. 27:
Nach etwa zwei bis drei Tagen geschieht Folgendes: Bei beiden Bohnensamen ist bei der Einkerbung eine weiße Spitze zu sehen. Bei der Bohne, bei der die Einkerbung nach unten zeigt, wächst diese Spitze gerade nach unten. Bei der anderen Bohne ist die weiße Spitze oben zu sehen. Diese wächst allerdings nicht weiter in die Höhe, sondern in einem Bogen nach unten in Richtung Erde.
Unabhängig davon, wie der Pflanzensamen auf der Erde liegt, wächst die Wurzel immer nach unten. Denn Wurzeln orientieren sich an der Schwerkraft und wachsen in Richtung des Erdmittelpunktes.

Zu „Erde als Wasserfilter – eine Kläranlage", S. 28:
Die verschiedenen Naturmaterialien reinigen das Wasser unterschiedlich gut: Im Kies bleiben zunächst grobe Schmutzpartikel hängen, und da das Filtermaterial immer feiner wird (Lehm ist feiner als Sand und hat eine geringere Porengröße), wird auch das Wasser immer gründlicher gereinigt.
Auch in der Erde durchläuft das Wasser unterschiedliche Erdschichten mit verschiedenen Porengrößen und wird so gefiltert.

Vorbemerkungen und Arbeitshinweise

Zu den Rezepten im Bereich „Gesundheit und Ernährung", ab S. 33:
Achtung: Bitte achten Sie bei allen Rezepten auf eventuelle Lebensmittelunverträglichkeiten der Kinder! Zu den Rezepten finden Sie auf der Seite 38 Bilder mit allen bei den Rezepten verwendeten Zutaten und Haushaltsgeräten sowie Pfeilen, mit deren Hilfe Sie die Rezepte bei Bedarf als großes Plakat gestalten können. Vergrößern Sie dazu die benötigten Bilder auf dem Kopierer. Mit den vorhandenen Bildern können Sie auch Bildrezepte auf einem DIN-A4-Blatt erstellen, für jedes Kind kopieren und in einem Schnellhefter sammeln. So erhalten die Kinder eine eigene Bild-Rezepte-Mappe.

Zu „Wortgottesdienst zum Thema ‚Kleines Samenkorn'", S. 43:
Folgenden Bibelstellen bieten sich außerdem zum Thema Erde an:

1. 1. Buch Mose (Genesis) 1, 11 – 13 (Schöpfungsbericht)
2. 1. Buch Mose (Genesis) 1, 24 – 26 (Schöpfungsbericht)
3. 1. Buch Mose (Genesis) 2, 7 (Erschaffung Adams aus Lehm)
4. 1. Buch Mose (Genesis) 2, 8 – 9 (Baum des Lebens)
5. 1. Buch Mose (Genesis) 3, 19 (Der Sündenfall)
6. 3. Buch Mose (Leviticus) 11, 41 – 45
7. Psalm 24, 1
8. Jesaja 55, 10 – 11
9. Markus 4, 1 – 9 und 13 – 20 oder Matthäus 13, 1 – 9 (Gleichnis vom Sämann)
10. Markus 4, 26 – 29 (Gleichnis vom Aufwachsen der Saat)

Zu den Bereichen „Körpererfahrung und Bewegung" und „Sozialerfahrungen", ab S. 55:
Es bieten sich hierfür viele bekannte Spiele an, die in leicht abgewandelter Form gespielt werden können. Zum Beispiel kann man die Kinder das Spiel „Blinder Maulwurf" nach den Regeln von „Blinde Kuh" spielen lassen. (Der „blinde Maulwurf" befindet sich mit verbundenen Augen in der Kreismitte und muss von dort aus ein anderes Kind fangen.)
In einem weiteren Bewegungsspiel ist ein Kind der Maulwurf und alle anderen sind die Regenwürmer. Der Maulwurf hat großen Hunger und möchte die Regenwürmer fangen. Wer vom Maulwurf angetippt wurde, stellt sich breitbeinig hin. Die anderen Regenwürmer können ihren Freund „retten", indem sie durch seine Beine hindurchkriechen. Dann darf der Regenwurm wieder mit den anderen Kindern vor dem Maulwurf weglaufen.

Zu „Regenwurm-Wettlauf", S. 60:
Zur Vorbereitung können Sie den Spielplan auf Seite 60 kopieren, vergrößern und auf eine Spanplatte kleben. Sie benötigen einen Würfel und für jedes Kind einen Spielstein.

Spielregeln:
Die Kinder stellen ihre Spielsteine („Regenwürmer") auf das Startfeld. Nacheinander wird nun reihum gewürfelt und die Spielfiguren werden entsprechend der Würfelzahl nach vorn gesetzt. Gelangt ein Regenwurm auf ein Kompostfeld, so darf der Spieler noch einmal würfeln. Trifft er hingegen auf den Maulwurf oder die Wühlmaus, so muss er in der nächsten Runde einmal aussetzen. Gelangt er auf ein Feld mit einer „Wurmröhre", so kann er seinen Weg abkürzen, evtl. verlängert sich dieser aber auch, da der Regenwurm einige Felder zurückgesetzt wird. Gewonnen hat der Regenwurm, der als Erster das Ziel erreicht hat.

Landschafts-Memo-Spiel (ab 3 Jahren)

Material:
Digitalkamera, Laminiergerät oder Buchklebefolie

Vorbereitung:
Begeben Sie sich gemeinsam mit den Kindern auf eine Foto-Safari durch das Außengelände. Es soll nach interessanten Motiven Ausschau gehalten werden, die etwas mit dem Thema „Erde“ zu tun haben. Gemeinsam wird mit den Kindern überlegt, was genau fotografiert werden soll. Wichtig ist, dass nur Dinge fotografiert werden, die man später auch wiederfinden kann, die sich also nicht verändern: zum Beispiel ein großer Stein, der Sandkasten, der Rasen, ein Maulwurfshügel …
Davon wird jeweils ein Foto in Nahaufnahme gemacht. Kinder ab 5 Jahren können die Fotos selbst machen. Es werden von jedem Bild zwei Abzüge angefertigt, die laminiert oder mit Buchklebefolie eingebunden werden.

Spielmöglichkeit 1 – Memo-Spiel:
Die Foto-Karten werden verdeckt auf den Tisch gelegt und gemischt. Der erste Spieler dreht zwei Karten um und benennt, was auf den Bildern zu sehen ist. Ist es ein Pärchen, so darf das Kind die beiden Karten behalten und ist noch einmal dran. Sind es zwei verschiedene Karten, so werden beide wieder umgedreht und der nächste Spieler ist an der Reihe. Gewonnen hat derjenige, der am Ende die meisten Pärchen hat.

Spielmöglichkeit 2 – Bewegungs-Memo-Spiel:
Dieses Spiel wird draußen gespielt. Es wird nur eine Karte pro Bild herausgesucht. Ein Kind darf vom Stapel eine Karte ziehen, sagt laut, was auf ihr abgebildet ist, und hält diese hoch, damit alle das Bild sehen können. Auf ein Startkommando der Erzieherin hin rennen alle Kinder so schnell wie möglich zu der Stelle, die auf dem Foto abgebildet ist. Wer als Erster angekommen ist, darf die nächste Karte ziehen und hochhalten.

Fingerspiel „Die Schnecke“ (ab 2 Jahren)

In unserm Garten kriecht die Schnecke	*mit der linken Hand eine Faust bilden (Schneckenhaus); auch mit der rechten Hand eine Faust bilden, jedoch den Zeigefinger und den kleinen Finger nach vorn strecken (Fühler); die rechte Faust unter die linke Faust halten*
und kommt ganz langsam nur vom Flecke.	*Schnecke vor dem Körper kriechen lassen*
Sie hat die Fühler ausgestreckt.	*mit den Fühlern wackeln*
Oh weh, nun hat sie dich entdeckt!	*Schnecke steht still*
Sie zieht vor Schreck die Fühler ein,	*die Fühler einziehen*
kriecht schnell ins Schneckenhaus hinein.	

Text: traditionell

Silben klatschen (für 2 – 4 Kinder, ab 5 Jahren)

Material:
Bildkarten (Kopiervorlage S. 10)

Vorbereitung:
Die Bildkarten werden ausgeschnitten und angemalt. Bei Bedarf können sie auch laminiert werden, damit sie länger halten.

Spielmöglichkeit:
Die Bildkarten werden verdeckt auf einen Stapel gelegt. Ein Spieler beginnt und dreht eine Karte um. Er benennt das Bild und versucht, es anschließend in Silben zu klatschen. Gemeinsam überlegen jetzt alle Kinder, aus wie vielen Silben das Wort besteht (Wie oft musste man klatschen?). Dann ist der nächste Spieler an der Reihe.
Wenn die Kinder das Spiel allein spielen sollen, sollte man die Anzahl der Silben mit Punkten auf den Karten notieren. So können die Kinder selbst kontrollieren, ob sie richtig geklatscht haben.

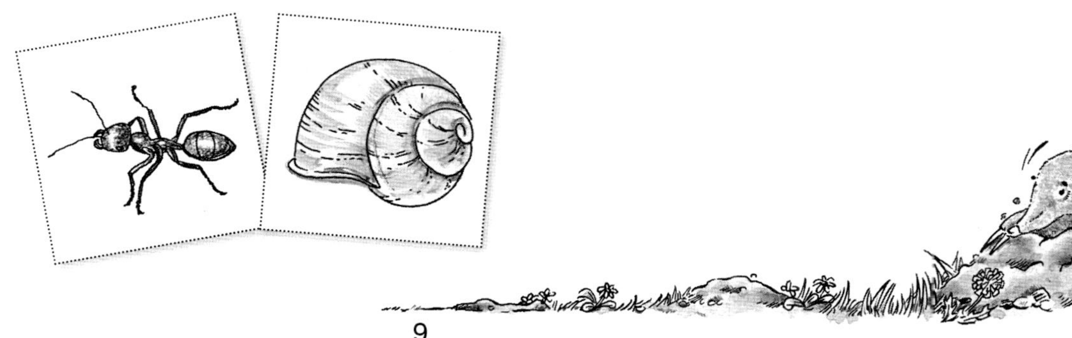

Kopiervorlage Bildkarten zu „Silben klatschen“

(bitte bei Bedarf hochkopieren)

Kopiervorlage „Regenwurm“ zu den Übungen auf S. 12

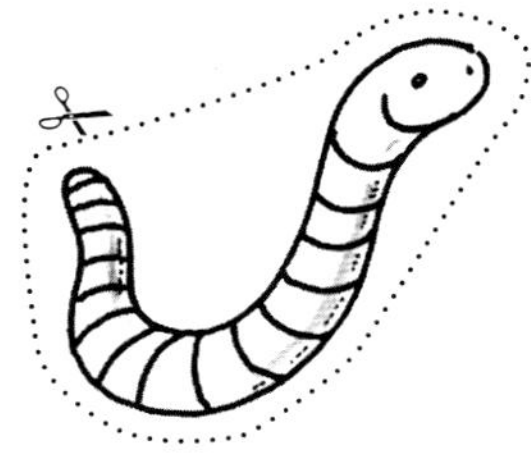

Hugo und Max auf Entdeckertour (ab 3 Jahren)

Hugo und Max sind zwei junge Regenwürmer und sehr gute Freunde. Für die beiden gibt es nichts Schöneres, als gemeinsam neue Gänge zu graben und das Erdreich zu erkunden. Sie staunen immer wieder, was es hier alles zu entdecken gibt.
Auch heute sind sie wieder gemeinsam unterwegs. Es ist ein sehr schöner Tag für Regenwürmer: Es ist angenehm warm, aber nicht zu heiß. Gestern hat es ein bisschen geregnet, sodass die Erde jetzt schön feucht und locker ist, also ideal zum Graben!

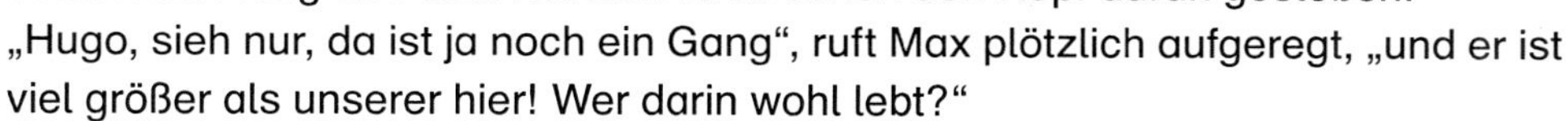

Max gräbt eifrig einen Gang um einen riesigen Stein herum. Dieser versperrt den beiden den Weg und Max hat sich eben schon den Kopf daran gestoßen!
„Hugo, sieh nur, da ist ja noch ein Gang“, ruft Max plötzlich aufgeregt, „und er ist viel größer als unserer hier! Wer darin wohl lebt?“
„Hmm … keine Ahnung“, antwortet Hugo, „aber es muss ein ganz schön großes Tier sein, wenn es solche riesigen Gänge baut.“
Hugo läuft ein Schauer über den Rücken. Ihm ist plötzlich ganz schön mulmig zumute. „Lass uns lieber wieder zurückkriechen“, schlägt er zögernd vor, „ich finde es hier ganz schön unheimlich.“
„Ach komm schon, du Angsthase“, ermuntert ihn Max, „lass uns doch mal hier hineinkriechen, vielleicht entdecken wir ja etwas Spannendes …“
„Na gut“, gibt Hugo nach, „ich würde ja auch gern wissen, wohin der Gang führt …“
Auf einmal beginnt die Erde leicht zu zittern. Max und Hugo schauen sich fragend an.
„Was ist das denn?“, wundert sich Max.
„Oh je, lass uns lieber schnell von hier verschwinden! Das hört sich gruselig an.“ Hugos Stimme ist nur noch ein leises Flüstern.
„Ja gleich, Hugo, nur keine Angst. Was soll uns schon passieren? Lass uns nur mal eben nachsehen, wer dort lebt.“
Das Beben wird immer stärker. Und plötzlich biegt ein riesiges Ungeheuer um eine Ecke!
Es hat Hände wie gewaltige Schaufelräder und aus seinem Maul blitzen lange, scharfe, gefährliche Zähne. Und es bewegt sich direkt auf Max und Hugo zu!
Die beiden Regenwürmer kreischen vor Schreck laut auf. „Nichts wie weg hier!“, schreit Max, der es jetzt auch mit der Angst zu tun bekommt.
„Los, zurück in unseren kleinen Gang! Dorthin kann es uns nicht folgen!“, ruft Hugo seinem Freund in Panik zu. Die beiden kriechen blitzschnell zu ihrem alten Gang zurück. Dicht hinter sich hören sie das laute Schaufeln des schwarzen Ungeheuers. Und es kommt näher, immer näher …
Da, endlich haben Hugo und Max ihren schmalen Gang erreicht! Aber selbst dort macht das Ungetüm nicht halt. Mit seinen riesigen Händen schaufelt es die Erde beiseite und gräbt sich hinter den beiden Regenwürmern her.
„Los, schneller!“, keucht Max. „Es verfolgt uns!“ Mit ihren letzten Kräften kriechen sie weiter, vorbei an dem großen Stein, und weiter, tiefer in den Gang hinein. So schnell sind sie in ihrem ganzen Leben noch nicht gekrochen!

Auf einmal hören sie hinter sich einen lauten Knall, der die Erde erzittern lässt. Max dreht sich erschrocken um, und sieht … nichts, auch kein großes schwarzes Schaufelungeheuer mehr!
„Hugo, bleib mal stehen, es ist weg! Das Ungeheuer verfolgt uns nicht mehr.“
„Wie, was?“, fragt Hugo und dreht sich auch um. Erleichtert sehen die beiden den Gang entlang. „Nein, es ist wirklich weg!“
Hugo fängt an zu kichern. „Warum lachst du?“, fragt Max. „Ach weißt du, Max, ich glaube, da hat sich noch jemand ganz fürchterlich den Kopf gestoßen.“ Und da fangen sie beide lauthals an zu lachen.
Erleichtert kriechen sie schließlich nach Hause zurück und rätseln, was das wohl für ein merkwürdiges Tier war, das sie verfolgt hat.

Wisst ihr es vielleicht?

Mundmotorik-Übung „Hugo und Max auf Entdeckertour“
(ab 5 Jahren)

Material:
Ausmalbild (S. 13), Regenwurmfigur (S. 10), Strohhalm, Buntstifte, Schere, Laminiergerät und -folie

Vorbereitung:
Lesen Sie den Kindern die Geschichte „Hugo und Max auf Entdeckertour“ (S. 11) vor.
Das Ausmalbild wird ausgemalt und laminiert, der Regenwurm ausgeschnitten und angemalt.

Spielmöglichkeit:
Das Bild und der Papier-Regenwurm werden vor einem Kind auf einen Tisch gelegt. Mit dem Strohhalm soll das Kind den Regenwurm zu verschiedenen Stellen pusten:

- zum Komposthaufen,
- an die Erdoberfläche,
- in einen der Gänge,
- zum Stein (an dem sich der Maulwurf gestoßen hat),
- zu den Wurzeln,
- zum Maulwurf
- …

Variante:
Die Kinder können den Regenwurm auch mit dem Strohhalm ansaugen und ihn an einer anderen Stelle wieder ablegen.

Sprachverständnisübung / Präpositionen (ab 3 Jahren)

Material:
Ausmalbild (S. 13), Regenwurmfigur (S. 10), Buntstifte, Schere, Laminiergerät und -folie

Vorbereitung:
Lesen Sie den Kindern die Geschichte „Hugo und Max auf Entdeckertour“ (S. 11) vor.
Das Ausmalbild wird angemalt und laminiert, der Regenwurm ausgeschnitten und angemalt.

Spielmöglichkeit:
Die Kinder sollen den Regenwurm an bestimmte Stellen im Bild legen.

Die Aufträge können lauten: Lege den Regenwurm …

- **in** den Komposthaufen.
- **neben** den Maulwurf.
- **auf** die Erdoberfläche.
- **unter** den Komposthaufen.
- **zwischen** den Baum und den Maulwurfshügel.
- **vor** den Baum.
- **…**

Variante:
Die Erzieherin legt den Regenwurm an unterschiedliche Stellen im Bild und fragt: „Wo ist der Regenwurm?“ Die Kinder müssen dann den Platz richtig benennen und auch die richtigen Präpositionen verwenden.

BVK • Jenny Hütter: Kita aktiv „Projektmappe Erde“

Ausmalbild „Hugo und Max auf Entdeckertour“ (ab 4 Jahren)

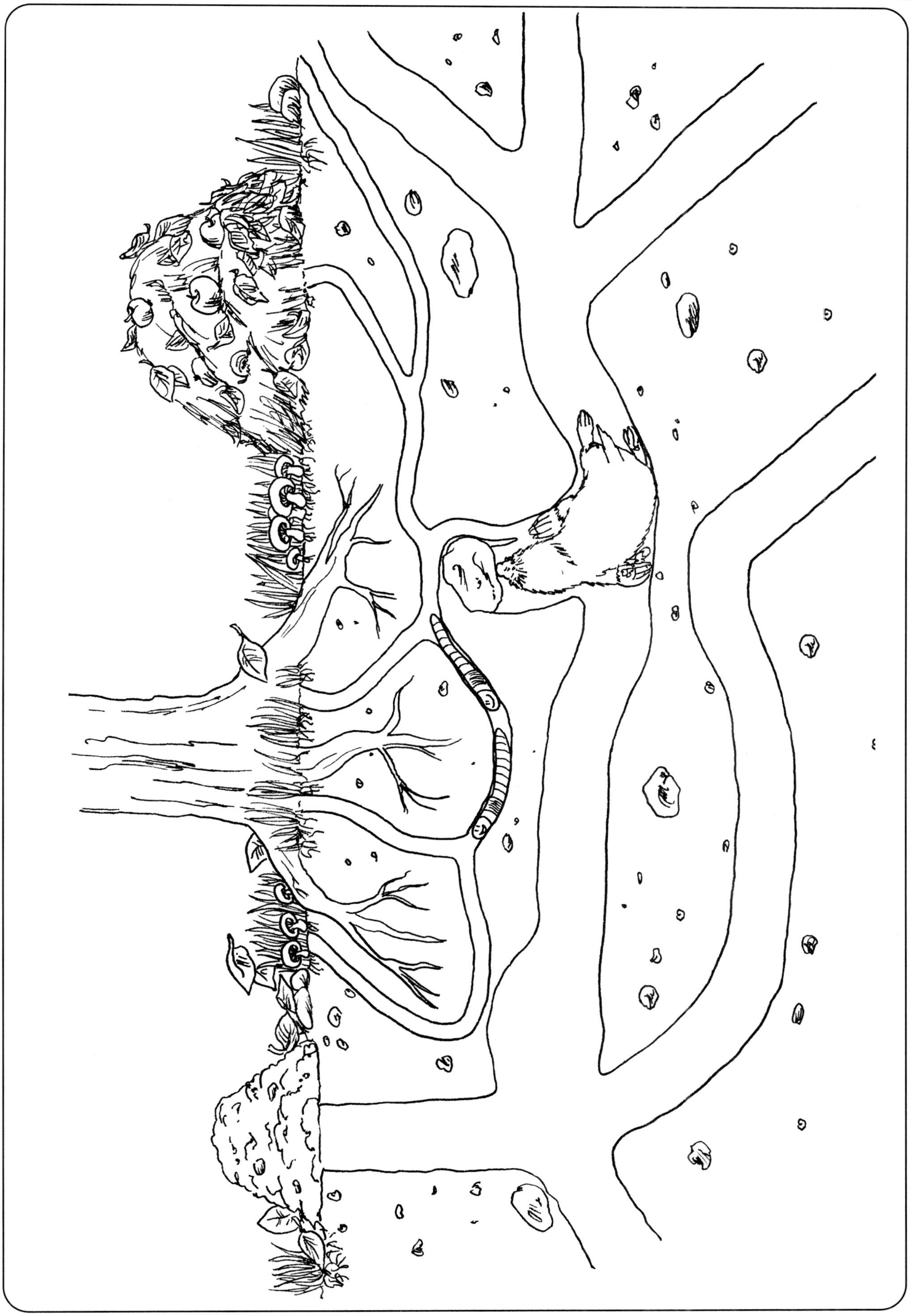

Bildgeschichten (ab 3 Jahren)

Material:
Kopiervorlage „Bildgeschichten“ (S. 15), Buntstifte, Schere, evtl. Laminiergerät und -folie

Vorbereitung:
Die Seite mit den Bildkarten wird kopiert, die Bildkarten werden angemalt und ausgeschnitten. Man kann die Karten laminieren, damit diese länger halten.

Spielmöglichkeit:
Die Kinder erzählen, was auf den Bildern zu sehen ist. Dabei sollte man darauf achten, dass sie nicht nur die einzelnen Dinge benennen, sondern in ganzen Sätzen sprechen. Nachdem die Kinder spontan erzählt haben, was sie auf einem Bild sehen, kann man weitere Fragen stellen, um sie zum Sprechen zu ermuntern.

① Beispiele: • Was ist das für ein Tier? • Was macht das Tier? • Welche Pflanzen wachsen in dem Garten? • Welche Farben haben die Blumen, die in dem Garten wachsen? • Hast du zu Hause auch einen Garten? • Was wächst bei dir im Garten? 	② Beispiele: • Wie heißen diese Tiere? • Was machen die Tiere? • Was tragen sie mit sich herum? • Wo laufen sie hin? • Wie viele Beine haben sie? • Hast du schon einmal Ameisen beobachtet? • Waren diese allein unterwegs oder hast du mehrere auf einmal gesehen? • Hast du schon einmal einen Ameisenhaufen gesehen? Wo hast du ihn gesehen? • Welche Farbe hatten die Ameisen?
③ Beispiele: • Was sind das für Tiere? • Hast du schon einmal Asseln beobachtet? • Wo hast du sie gesehen? • Was fressen Asseln? 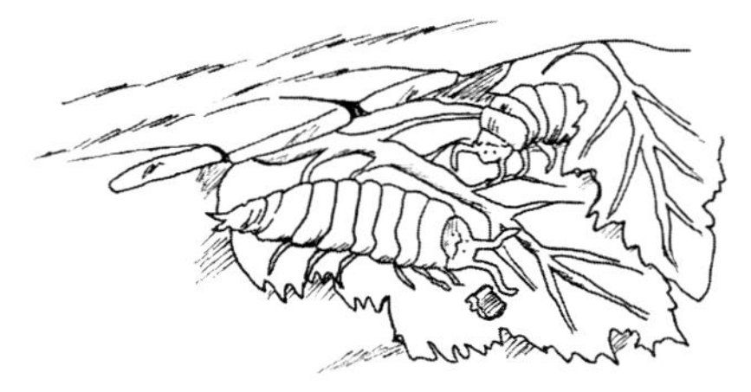	④ Beispiele: • Was für ein Tier siehst du hier? • Was macht das Tier gerade? • Was ist das für eine große Höhle und was befindet sich darin? • Welche Farbe hat die Wühlmaus? 

Variante:
Auch zum Ausmalbild „Hugo und Max auf Entdeckertour“ (S. 13) bieten sich zahlreiche Fragen an:

- Welche Tiere siehst du auf dem Bild?
- Wo sind die Tiere genau?
- Was machen sie gerade?
- Warum kriecht der Maulwurf hinter den Regenwürmern her?
- Wie heißen die beiden Regenwürmer?
- Was siehst du oberhalb der Erde?
- Was siehst du in der Erde?

Kopiervorlage „Bildgeschichten“

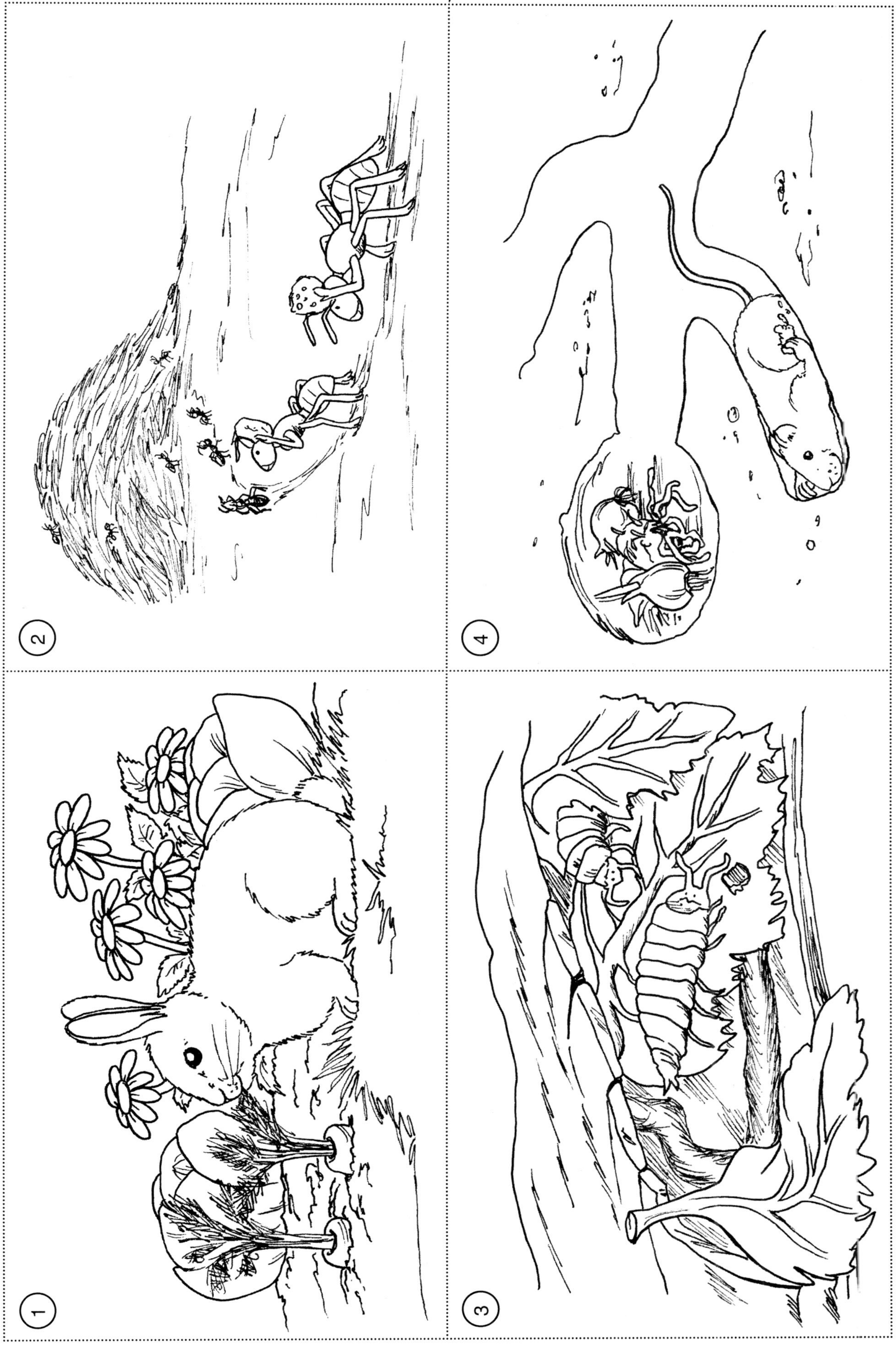

Rhythmusspiele mit Steinen (ab 4 Jahren)

Material:
1 Stein für jedes Kind, 1 Stein für die Erzieherin

Spielmöglichkeiten:

1. Die Kinder sitzen mit der Erzieherin in einem Kreis auf dem Boden. Jedes Kind hält einen Stein in einer Hand. Die Erzieherin klopft einen einfachen Rhythmus auf den Boden. Die Kinder versuchen, diesen Rhythmus mit ihren Steinen nachzuklopfen. Achten Sie darauf, dass alle Kinder gleichzeitig anfangen: Zählen Sie zum Beispiel bis drei, und dann beginnen alle.
2. Etwas schwieriger ist es, wenn mit den Steinen eine Variante des Spiels „Stille Post“ gespielt wird. Die Erzieherin gibt dafür einen Rhythmus vor, den das Kind neben ihr nachklopft, dann wiederholt ihn das nächste Kind usw., bis der Stein einmal die Runde gemacht hat. Zum Schluss klopft die Erzieherin noch einmal den ursprünglichen Rhythmus. Ist er gleich geblieben oder hat er sich verändert?
3. Haben die Kinder bereits Erfahrung mit rhythmischen Spielen, kann man ein Spiel zum Weitergeben des Steines machen. Dazu wird nur ein Stein benötigt, den die Erzieherin in einer Hand hält. Alle legen die Hände auf die Knie, die Handflächen zeigen nach oben. Es wird folgender Vers gesprochen:

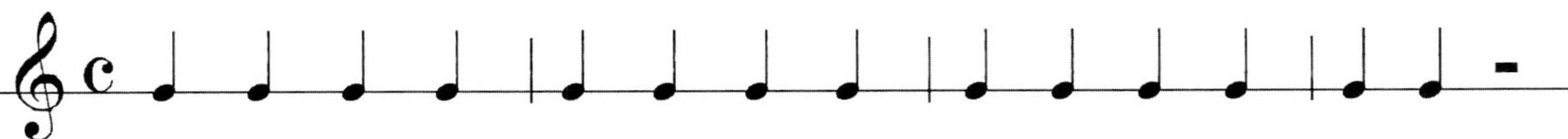

In der Pause am Ende des Verses wird der Stein in die nächste Hand weitergegeben. Der Vers wird mehrmals wiederholt, sodass der Stein im Kreis herumwandert. Besonders Geübte können beliebig viele Steine dazunehmen, aber höchstens so viele, wie es Spieler im Kreis gibt.

Fingerspiel „Imse Wimse Spinne“ (ab 2 Jahren)

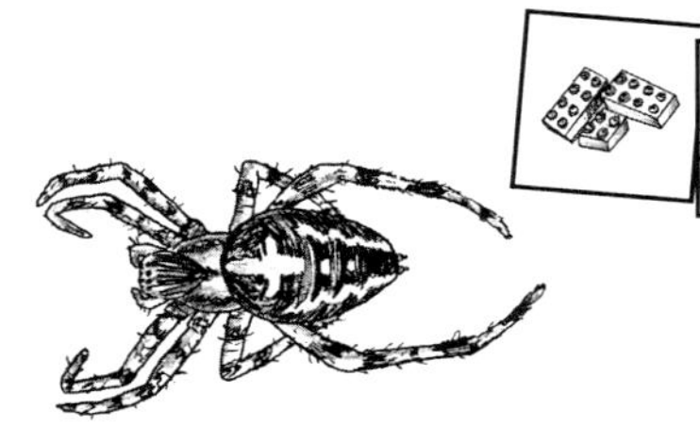

Zur Melodie des Liedes „Spannenlanger Hansel, nudeldicke Dirn“ wird der folgende Text gesungen und mit passenden Bewegungen begleitet:

Imse Wimse Spinne, wie lang dein Faden ist.	*Der linke Arm wird gerade nach oben gehalten, Zeige- und Mittelfinger der rechten Hand krabbeln als Spinne den Arm hinauf.*
Kam der Regen runter,	*Die Fingerspitzen beider Hände stellen die Regentropfen dar. Die Finger zappeln hin und her, während die Hände langsam von oben nach unten bewegt werden.*
und der Faden riss.	*Die Hände klatschen bei „riss“ auf die Oberschenkel.*
Scheint die warme Sonne,	*mit den Armen eine große, runde Sonne darstellen*
sie leckt den Regen auf.	*Die Fingerspitzen streichen über die Oberschenkel, „lecken den Regen auf“.*
Imse Wimse Spinne krabbelt wieder rauf.	*Der linke Arm wird wieder gerade nach oben gehalten, Zeige- und Mittelfinger der rechten Hand krabbeln noch einmal als Spinne hinauf.*

Text: traditionell

Zehn kleine Regenwürmer (ab 2 Jahren)

2. Zehn kleine Regenwürmer schlängeln auf und nieder.
   Zehn kleine Regenwürmer tun das immer wieder.

3. Zehn kleine Regenwürmer schlängeln viel herum.
   Zehn kleine Regenwürmer, die sind gar nicht dumm.

4. Zehn kleine Regenwürmer spielen mal Versteck.
   Zehn kleine Regenwürmer sind auf einmal weg.

5. Zehn kleine Regenwürmer rufen laut: „Hurra!“
   Zehn kleine Regenwürmer, die sind wieder da.

Text: Jenny Hütter
Melodie: traditionell, nach „Die Zappelmänner“

Spielmöglichkeit:
Die zehn Finger der Hände stellen die Regenwürmer dar. Die Kinder halten diese hoch und bewegen sie passend zum Text.

In der ersten Strophe werden die Hände nach rechts und links hin und her geschwenkt. In der zweiten Strophe werden sie hoch und runter und in der dritten Strophe im Kreis bewegt. In der vierten Strophe verstecken die Kinder ihre Hände hinter dem Rücken und in der fünften Strophe kommen sie bei „Hurra“ wieder zum Vorschein.

Während der ganzen Zeit sollen die Kinder versuchen, die einzelnen Finger zusätzlich zu den Bewegungen der Hände zu bewegen, das schult die Fingerfertigkeit.

Hört ihr die Regenwürmer husten? (ab 2 Jahren)

Spielmöglichkeiten:

Hört ihr die Regenwürmer husten,	*2 x husten*
wenn sie durchs dunkle Erdreich ziehn,	*2 x husten*
wie sie sich winden	*Hände schlängelnd vor dem Körper bewegen*
und dann verschwinden	*Hände hinter dem Rücken verstecken*
auf Nimmernimmerwiedersehn.	*mit den Händen winken*
Und wo sie waren, da ist ein Loch,	*mit Daumen und Zeigefinger einen Kreis bilden und hindurchsehen*
und wenn sie wiederkommen, ist es immer noch, noch, noch …	*Hände schlängelnd vor dem Körper bewegen*

Weitere Spielmöglichkeiten ergeben sich, wenn man die Strophen leicht abwandelt:

Hört ihr die Regenwürmer klatschen … 2 x klatschen
Hört ihr die Regenwürmer stampfen … 2 x mit dem Fuß stampfen
Hört ihr die Regenwürmer schnalzen … 2 x mit der Zunge schnalzen

Finden Sie mit den Kindern gemeinsam weitere Möglichkeiten, was die Regenwürmer machen könnten.

Käfertanz zu Camille Saint-Saëns' „Fossilien" (1) (für 16 Kinder, ab 4 Jahren)

Material:
CD mit den „Fossilien" aus Saint-Saëns' Gesamtkomposition „Karneval der Tiere", CD-Player, Klebepunkte (4 rote, 4 gelbe, 4 blaue, 4 grüne), evtl. Käferkostüme, evtl. Kreppklebeband

Hintergrundinformation für die Erzieherinnen:
Camille Saint-Saëns komponierte den „Karneval der Tiere" 1886 für ein Karnevalskonzert. In diesem Werk parodiert er mehrere seiner Künstlerkollegen, weshalb er das Stück, außer für dieses Konzert, nicht der Öffentlichkeit preisgeben wollte. Es wurde erst nach seinem Tode veröffentlicht.
Im „Karneval der Tiere" tauchen zwar keine Käfer auf, diese Tiere passen jedoch musikalisch sehr gut zu den „Fossilien".

Einleitung für die Kinder:
Im Gespräch kann mit den Kindern erarbeitet werden, worum es bei der Musik geht. Die Erzieherin erklärt den Kindern dazu Folgendes:
„Wir hören heute ein Musikstück von einem ganz bekannten Komponisten. Ein Komponist ist jemand, der Melodien erfindet, die dann auf Instrumenten gespielt werden können. Der Mann, der dieses Musikstück erfunden hat, heißt Camille Saint-Saëns, und er schrieb die Musik für ein Karnevalskonzert. Dieses Stück hat er den „Karneval der Tiere" genannt. Hier kommen ganz viele Tiere vor. Heute wollen wir daraus ein Tier aussuchen, nämlich den Käfer. Die Käfer sind in dem Musikstück ganz gut zu hören. Ihr dürft jetzt einmal einer dieser Käfer sein und euch genauso bewegen, wie es die Käfer in der Musik machen."

Bewegungsimprovisation:
Es folgt nun eine freie Bewegungsimprovisation zu Saint-Saëns' „Fossilien".
Sie können den Kindern dazu die Käferkostüme (s. u.) anziehen und die Musik abspielen. Die Kinder bewegen sich frei zur Musik im Raum.

Vorbereitung Käfertanz:
Zur besseren Orientierung für die Kinder kann der Tanzkreis mit Kreppklebeband markiert werden.
Die Punkte werden folgendermaßen auf den Boden geklebt:

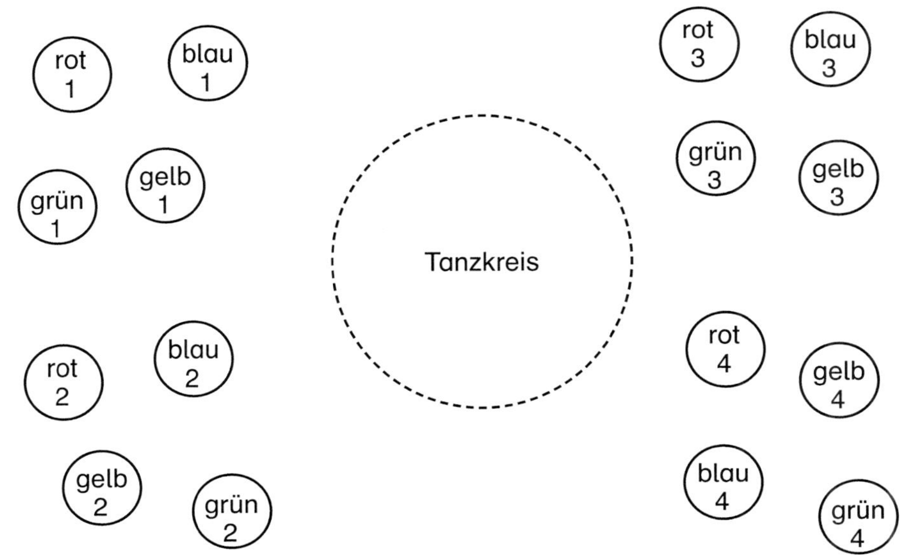

Käferkostüme:
Material:
16 Haarreifen, 32 schwarze Pfeifenputzer (ca. 15 cm lang), 32 Perlen (8 rote, 8 gelbe, 8 blaue, 8 grüne), 16 schwarze Tücher (ca. 40 x 40 cm), 32 Sicherheitsnadeln, Heißkleber

Käfertanz zu Camille Saint-Saëns' „Fossilien" (2) (ab 4 Jahren)

Arbeitsanleitung:
Jeweils zwei Pfeifenputzer werden an einem Haarreifen befestigt. Dafür wickelt man ein Ende fest um den Haarreifen und fixiert es mit Heißkleber. Die Pfeifenputzer sollen nach oben zeigen. Auf die oberen Enden steckt man jeweils eine Perle und biegt den Pfeifenputzer so darum, dass dieser nicht mehr verrutschen kann. Evtl. kann die Perle auch mit etwas Heißkleber zusätzlich befestigt werden. Für jeden Haarreifen sollte man gleichfarbige Perlen verwenden.
Die Tücher sind als Umhänge für die Käfer gedacht. Sie werden an den Schultern mit zwei Sicherheitsnadeln befestigt.

Der Käfertanz:
Der Käfertanz kann im Anschluss an die Bewegungsimprovisation entwickelt werden. Der nachfolgende Tanz ist ein Vorschlag, wie ein gemeinsamer Tanz der Kinder aussehen kann; es ist aber auch immer sehr schön, wenn Sie hier Ideen der Kinder aufgreifen (z. B. aus der Bewegungsimprovisation).
Die Kinder knien sich in ihren Käferkostümen auf einen passenden Farbpunkt im Raum (die Kinder mit den roten Fühlern auf die roten Punkte, die Kinder mit blauen Fühlern auf die blauen Punkte usw.).

Beginn bis ca. 0,04 Min.	*Alle Kinder mit roten Fühlern bewegen sich im Takt der Musik zur Kreismitte und nehmen sich dort an die Hand.*
ab ca. 0,05 Min.	*Alle Kinder mit gelben Fühlern bewegen sich im Takt der Musik zur Kreismitte und reihen sich in den Kreis ein.*
ab ca. 0,09 Min.	*Alle Kinder mit blauen Fühlern bewegen sich im Takt der Musik zur Kreismitte und reihen sich in den Kreis ein.*
ab ca. 0,12 Min.	*Alle Kinder mit grünen Fühlern bewegen sich im Takt der Musik zur Kreismitte und reihen sich in den Kreis ein.*
ab ca. 0,16 Min.	*Die Kinder laufen im Kreis nach rechts (seitlich laufen).*
ab ca. 0,21 Min.	*Die Kinder laufen im Kreis nach links (seitlich laufen).*
ab ca. 0,25 Min.	*Die Kinder lassen sich los. Sie machen 4 Schritte rückwärts und 4 Schritte vorwärts, das Ganze 2 x (kleine Schritte machen).*
ab ca. 0,34 Min.	*Alle Kinder mit roten Fühlern drehen sich 3 x im Kreis und knien sich hin.*
ab ca. 0,39 Min.	*Alle Kinder mit gelben Fühlern drehen sich 3 x im Kreis und knien sich hin.*
ab ca. 0,43 Min.	*Alle Kinder mit blauen Fühlern drehen sich 3 x im Kreis und knien sich hin.*
ab ca. 0,52 Min.	*Alle Kinder mit grünen Fühlern drehen sich 3 x im Kreis und knien sich hin.*
ab ca. 0,58 Min.	*Alle Kinder wiegen sich im Takt der Musik vor und zurück.*
ab ca. 1,12 Min.	*Alle Kinder stehen wieder auf, nehmen sich an die Hände, recken die Arme hoch und verbeugen sich (das Ganze 3 x).*

Hinweis:
Wie die Kinder sich in Richtung Kreis bewegen, spielt bei diesem Tanz keine Rolle. Manche Kinder hüpfen gern, andere laufen, das kann dem Gefühl der Kinder überlassen werden.

Erdfarben selbst gemacht (ab 2 Jahren)

Material:
unterschiedliche Erdsorten in verschiedenen Farben, 1 Mörser, fertig angemischter Tapetenkleister, Wasser, mehrere verschließbare Gläser, 1 Sieb, 1 große Schüssel, 1 Löffel

Arbeitsanleitung:
1. Eine Erdsorte wird in eine Schüssel gesiebt. Mit einem Mörser wird sie anschließend zerstampft, sodass sie fein und bröselig wird.
2. Als Nächstes wird etwas Wasser hinzugegeben und mit der Erde zu einem dicken Brei verrührt.
3. Zum Schluss wird etwas Tapetenkleister als Bindemittel mit untergerührt und das Gemisch in ein Glas abgefüllt.
4. Die Schüssel und der Löffel werden gespült und mit den übrigen Erdsorten wird genauso verfahren.

Tipp:
In gut verschließbaren Gläsern halten sich die Erdfarben mehrere Tage lang.

Hinweis:
Auf einem Spaziergang kann jedes Kind an einer anderen Stelle Erde einsammeln. Nehmen Sie dafür mehrere Eimer und eine Schippe mit. Die Erde kann zum Beispiel aus dem Sandkasten, aus dem Garten, unter einem Strauch oder Baum oder im Wald gesammelt werden. Auf diese Weise erhält man die unterschiedlichsten Brauntöne.

Malen mit Erdfarben (ab 3 Jahren)

Material:
Kittel, Papier (am besten große Papierbögen), Kopie des Arbeitsblattes „Tiere in der Erde“ (S. 51), Kleber, Schere, Buntstifte, evtl. Pinsel, selbst gemachte Erdfarbe

Arbeitsanleitung:
Die Kinder malen das Papier mit den Erdfarben in den verschiedenen Brauntönen an. Eine sehr schöne taktile Erfahrung ist es, wenn die Kinder anstatt mit einem Pinsel mit der bloßen Hand malen. Das Bild muss nun gut trocknen. Während dieser Zeit malen die Kinder das Ausmalbild „Tiere in der Erde“ mit Buntstiften aus. Die einzelnen Tiere werden ausgeschnitten und in das „Erdbild“ hineingeklebt.
Wenn Sie große Papierbögen haben, eignet sich dieses Angebot auch gut als Gemeinschaftsarbeit, die dann im Flur oder im Gruppenraum an der Wand aufgehängt werden kann.

BVK • Jenny Hütter: Kita aktiv „Projektmappe Erde“

Kleine Spinne (ab 4 Jahren)

Material:
1 Eierkarton, schwarze Fingermalfarbe, Pinsel, Becher mit Wasser, Kittel, 8 Pfeifenputzer (schwarz, je 10 cm lang), 2 Wackelaugen, 1 Schere, Kleber, 1 Prickelnadel

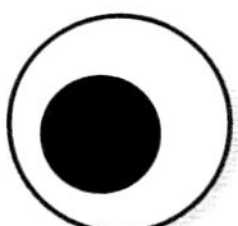

Arbeitsanleitung:
1. Von dem Eierkarton wird eine Eihalterung abgeschnitten. Diese wird mit der Fingermalfarbe schwarz angemalt. Das ist der Körper der Spinne.
2. Mit der Prickelnadel werden rechts und links je vier Löcher in den unteren Rand der Eihalterung gestochen.
3. Die Pfeifenputzer („Spinnenbeine“) werden ca. 1 cm tief in die Löcher gesteckt und nach oben gebogen, sodass sie nicht herausrutschen können. Mit Kleber können sie noch zusätzlich fixiert werden.
4. Die langen Spinnenbeine werden nach oben und nach ca. 4 cm wieder nach unten gebogen. Das Ende (etwa 1 cm) wird wiederum nach oben gebogen.
5. Die Wackelaugen werden mit etwas Kleber am Spinnenkörper befestigt.

Hinweis:
Die Spinne kann gut zur Dekoration mit in den Kistengarten (S. 30) gesetzt werden.

Tontopf-Maulwurf (ab 4 Jahren)

Material:
1 Tontopf, schwarze Fingermalfarbe, Pinsel, Kittel, Becher mit Wasser, Kleber, Vorlagen zu „Tontopf-Maulwurf“ (S. 23), Pappe in Hautfarbe, Pappe (für die Schablonen), 1 Bleistift, 1 Schere, Filzstifte

Vorbereitung:
Die Vorlagen werden ausgeschnitten und aus ihnen auf Pappe Schablonen angefertigt. Diese werden auf hautfarbene Pappe übertragen und anschließend ausgeschnitten.

Arbeitsanleitung:
1. Der Tontopf wird mit schwarzer Fingermalfarbe angemalt. Wenn die Farbe getrocknet ist, wird er mit der Öffnung nach unten hingestellt.
2. Das Gesicht (hautfarbene Pappe) wird mit Filzstiften aufgemalt.
3. An den oberen Rand des Topfes wird das Gesicht geklebt. Links und rechts werden die Arme und unten die Füße befestigt.

Tipp:
Sie können zum Beispiel ein Regal mit einem grünen Tuch dekorieren und die Maulwürfe in das „Gras“ stellen. Wenn man einige Maulwürfe auf andere, größere und nicht bemalte Tontöpfe stellt, dann sieht es aus, als würden sie auf ihren Maulwurfshügeln sitzen.

BVK • Jenny Hütter: Kita aktiv „Projektmappe Erde“

Vorlagen zu „Tontopf-Maulwurf“

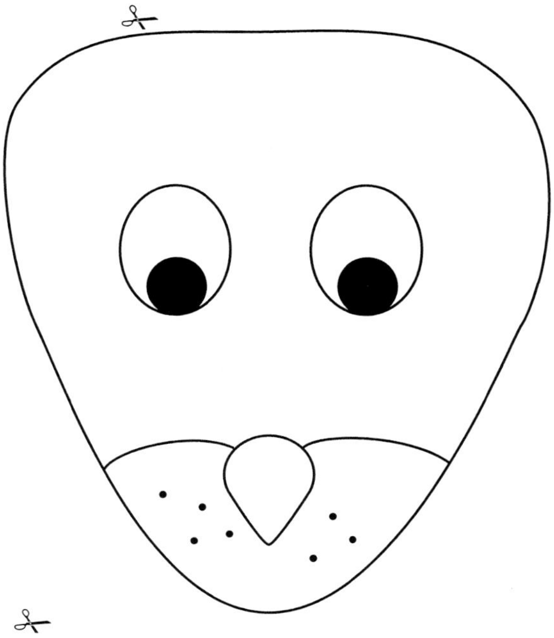

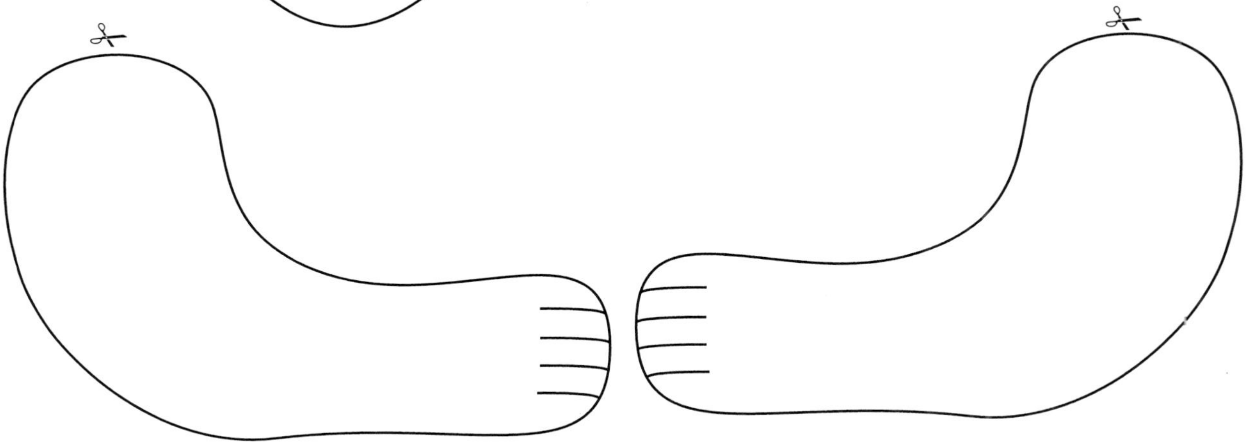

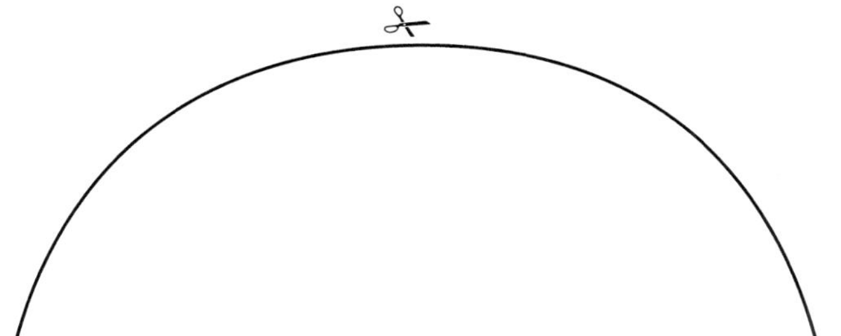

(bitte bei Bedarf hochkopieren)

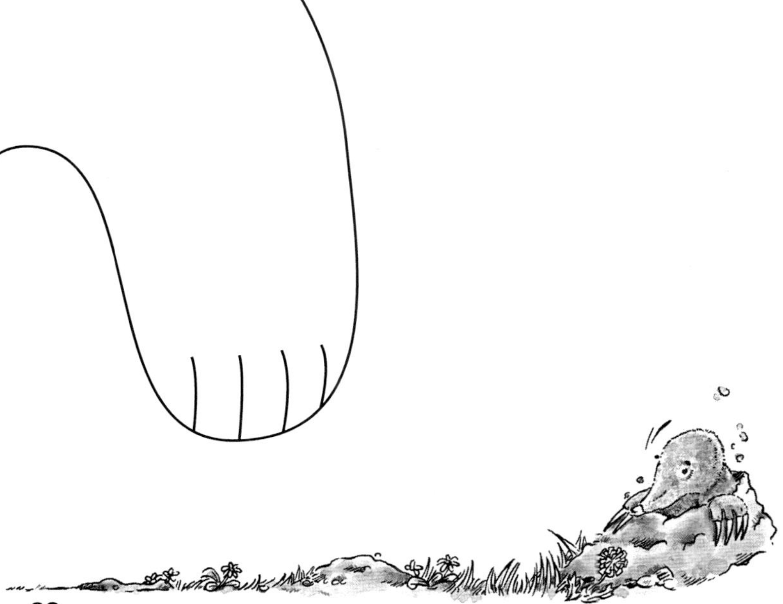

Hugo, der Regenwurm (ab 5 Jahren)

Material:
1 hellbraune Socke (evtl. geringelt), 1 Schere, 1 Bleistift, Vorlagen „Maul“ und „Zunge“ (s. u.), Kleber, Pappe, roter Filz, Watte, Wackelaugen, Märchenwolle, Büroklammern, evtl. Tacker

Arbeitsanleitung:

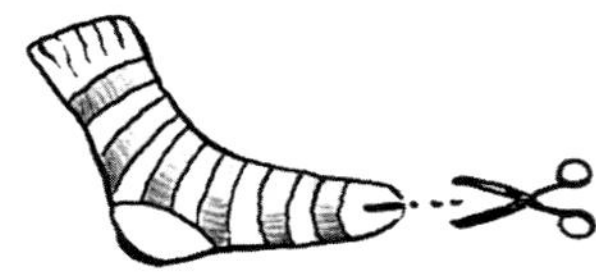

1. In die Socke wird am Zehenende eine Öffnung für das Maul geschnitten. Dafür wird sie so hingelegt, dass die Ferse zu einer Seite zeigt und das Zehenende zur anderen. Mit der Schere schneidet man gerade, ca. 4 cm, in die Socke hinein.

2. Die Vorlage „Maul“ wird auf Pappe übertragen und ausgeschnitten. Je nach Größe der Socke muss die Vorlage evtl. vergrößert oder verkleinert werden.

3. Die Vorlage „Zunge“ wird auf roten Filz übertragen und in das Maul hineingeklebt.

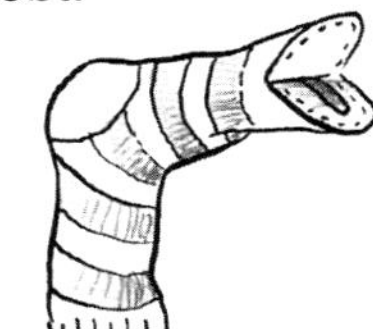

4. Das Maul wird oben, unten und an den Seiten an die Socke geklebt. Am besten mit Büroklammern fixieren, bis der Kleber getrocknet ist. Die Pappe kann auch zusätzlich an der Socke festgetackert werden.

5. Nun wird etwas Watte in die Oberseite der Socke (zwischen Maul und Stoff) gegeben, sodass der Kopf etwas aufgewölbt ist. Dann die Märchenwolle als „Haare“ und die Wackelaugen aufkleben – fertig ist Hugo, der Regenwurm!

Mit der Handpuppe können die Kinder unter anderem „Hugo und Max“ passend zur Geschichte „Hugo und Max auf Entdeckertour“ (S. 11) spielen.

Vorlagen „Maul“ und „Zunge“

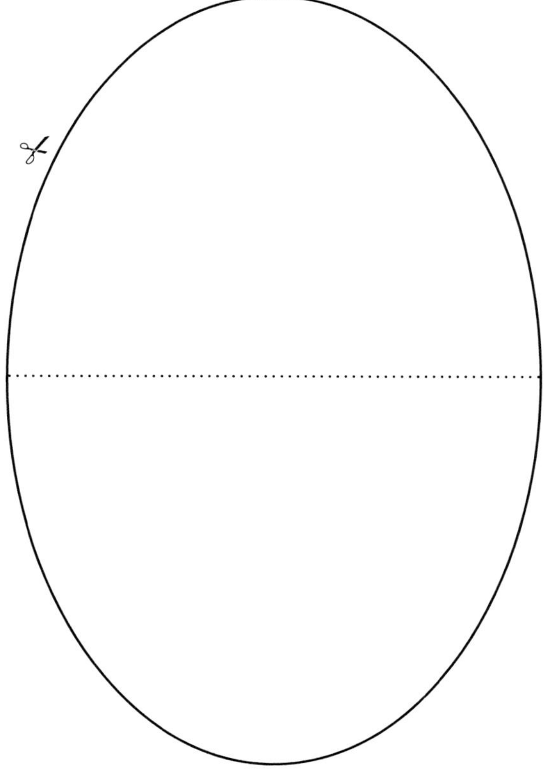

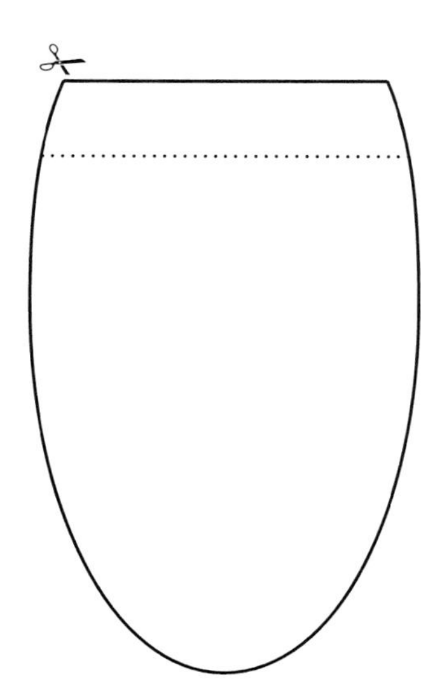

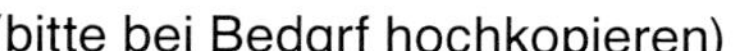

(bitte bei Bedarf hochkopieren)

BVK • Jenny Hütter: Kita aktiv „Projektmappe Erde“

Die Schnecke kriecht aus ihrem Haus (ab 4 Jahren)

Material:
1 leere Streichholzschachtel, 1 Schere, Vorlage „Schneckenhaus“, 2 Pfeifenputzer (je 3 cm lang), Pinsel, 2 Perlen, weißer Tonkarton, Fingermalfarben, Kittel, Kleber, Buntstifte, 1 Bleistift, 1 Prickelnadel

Vorbereitung:
Aus der Vorlage „Schneckenhaus“ wird eine Schablone angefertigt. Diese wird zweimal auf weißen Tonkarton übertragen.

Arbeitsanleitung:

1. Der innere Teil der Streichholzschachtel wird einmal längs in der Mitte durchgeschnitten.
   Auf die in der Zeichnung schraffierten Stellen wird etwas Kleber aufgetragen und die beiden Hälften werden so aufeinandergesetzt, dass ein rechteckiges Kästchen entsteht. Dieses wird von den Kindern mit Fingermalfarben angemalt. Das ist der Kopf der Schnecke.

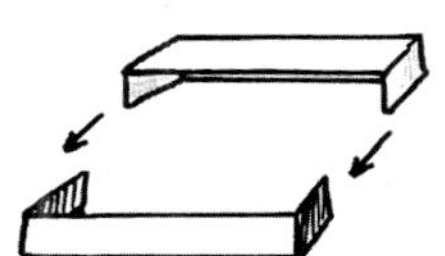

2. Die Schneckenhäuser auf dem weißen Tonkarton werden ausgeschnitten und mit den Buntstiften bemalt. Dann werden sie auf die Vorder- und die Rückseite des äußeren Teils der Streichholzschachtel geklebt.

3. Vorn in den Kopf der Schnecke werden von oben mit einer Prickelnadel zwei nebeneinanderliegende Löcher gestochen. Hier hinein werden die Pfeifenputzer gesteckt. Sie werden so gebogen, dass sie nach oben zeigen. Auf das obere Ende wird eine Perle gesteckt und diese evtl. mit etwas Kleber fixiert.
   Der Kopf der Schnecke wird zum Schluss wieder in die äußere Schachtel (Schneckenhaus) gesteckt.

Die Schnecke kann jetzt den Kopf herausstrecken oder sich in ihr Schneckenhaus zurückziehen, sodass nur noch die Fühler herausschauen.

Hinweis:
Für eine größere Schnecke können die Streichholzschachteln von Kaminhölzern verwendet werden.

Vorlage „Schneckenhaus“

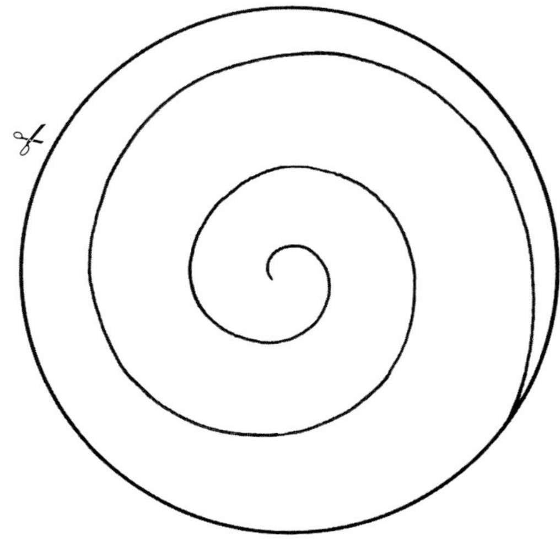

(bitte bei Bedarf hochkopieren)

Erde beobachten (ab 4 Jahren)

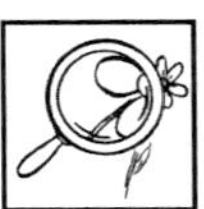

Material:
4 Wollfäden (ca. 50 cm lang) für jedes Kind, 1 Lupe für jedes Kind

Arbeitsanleitung:
Im Außengelände sucht sich jedes Kind einen Platz und legt mit den Wollfäden einen „Bilderrahmen" auf die Erde. Nun setzen oder legen sich alle Kinder hin und beobachten genau, was sie innerhalb ihres Rahmens erkennen können.
Aus der Nähe betrachtet gibt es nämlich noch sehr viel mehr zu entdecken, als es auf den ersten Blick scheint! Mit der Lupe können kleine Details viel intensiver betrachtet werden. Durch die Begrenzung mit den Wollfäden haben es die Kinder leichter, ihre Aufmerksamkeit auf diese kleine Stelle zu richten.

Die Erzieherin kann dazu Beobachtungsaufgaben stellen, wie zum Beispiel:

- Welche Farbe hat dein Stück Erde?
- Siehst du dort mehr als eine Sorte Erde?
- Wächst in deinem Bilderrahmen etwas?
- Welche Form hat die Blume, die auf deinem Stück Erde wächst?
- Krabbelt auch etwas über dein Stück Erde?

Weiterführende Idee:
Im Anschluss daran können die Kinder ein Bild von ihrem Stück Erde malen.
Dabei können die selbst hergestellten Erdfarben zum Einsatz kommen (S. 21).
Die Bilder werden anschließend im Kindergarten in einem „Bildermuseum" ausgestellt.

Ein Blick in die Erde (ab 4 Jahren)

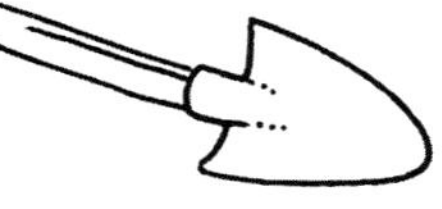

Material:
1 Spaten, Schaufeln, mehrere Eimer, weißes Papier, 1 Lupe für jedes Kind, evtl. Taschenlampe

Arbeitsanleitung:
Suchen Sie mit den Kindern eine Stelle im Garten, wo sie ein Loch graben können. Mit dem Spaten können Sie dafür einen Kreis mit dem Durchmesser von etwa 30 cm abstecken. Hier fangen die Kinder mit den Schaufeln an zu graben. Die ausgebuddelte Erde kann in die Eimer gegeben werden. Immer wenn die Erde etwas anders aussieht, sollte ein neuer Eimer genommen werden.
Das Loch sollte etwa 30 bis 50 cm tief werden. Wenn die Kinder mit den Schaufeln nicht weitergraben können, kann man den Spaten nehmen.
Werfen Sie nun mit den Kindern gemeinsam einen Blick in die Erde (evtl. dafür die Taschenlampe zu Hilfe nehmen) und betrachten Sie die verschiedenen Erdschichten. Lassen Sie die Kinder beschreiben, was ihnen auffällt. Man erkennt beispielsweise die verschiedenen Farbabstufungen der Erde (hellbraun, dunkelbraun, rötlich, gelblich ...) und kann ertasten, wie sich die unterschiedlichen Erdschichten anfühlen (hart, weich, feucht, trocken ...).
Auch in den Eimern sieht man, wie die einzelnen Erdschichten aussehen. Wenn aus jedem Eimer etwas Erde auf ein weißes Blatt Papier gegeben wird, dann können die Kinder die Erde noch genauer unter die Lupe nehmen zum Beispiel:

- Welche Tiere findet man in den verschiedenen Erdschichten?
- ...

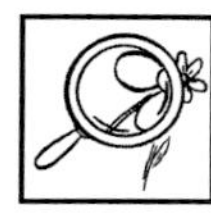

Tiere, die in der Erde leben (ab 3 Jahren)

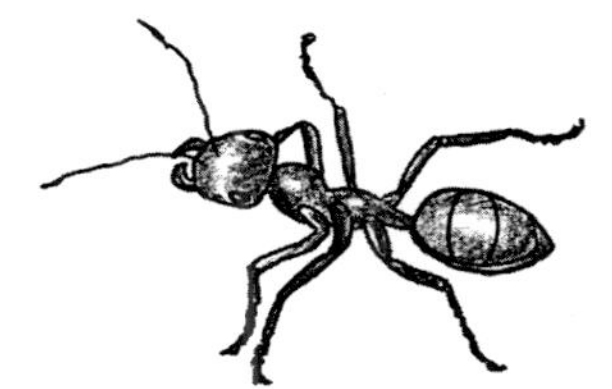

Material:
Lupen, evtl. 1 Mikroskop

In der Erde können wir viele Lebewesen beobachten, die dort entlangkrabbeln, hüpfen, sich schlängeln, kriechen und Löcher und Gänge graben.
Manche Tiere sind so klein, dass man sie nur noch mit einer Lupe oder einem Mikroskop erkennen kann. Einige haben keine Augen und können nur hell und dunkel unterscheiden. Manche haben auch keine Beine, wie der Regenwurm. Aber alle lieben den kühlen, feuchten und dunklen Boden.

Arbeitsanleitung:
Lassen Sie die Kinder einmal nachschauen, wo sie welche Tiere finden, zum Beispiel:

- unter einem Laubhaufen,
- im Sandkasten,
- unter einer Steinplatte,
- unter einem Stück vermodertem Holz,
- unter der Grasnarbe,
- im Blumenbeet
- ...

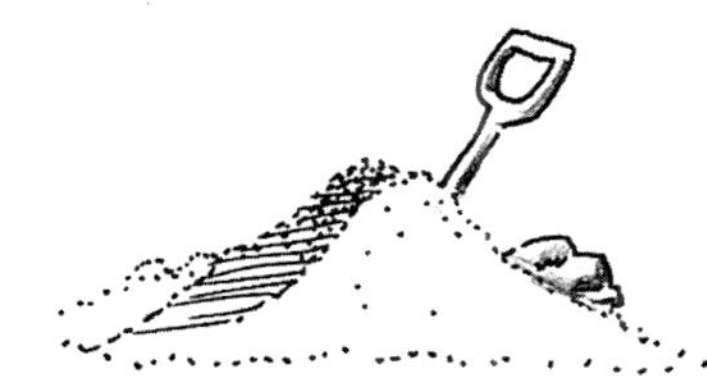

Es ist wichtig, dass die Kinder achtsam mit diesen Tierchen umgehen und diese nicht getötet oder gequält werden, weil sie evtl. als „ekelig“ empfunden werden. Aufbauend hierzu kann das Arbeitsblatt „Tiere in der Erde“ (s. S. 51) angeboten werden.

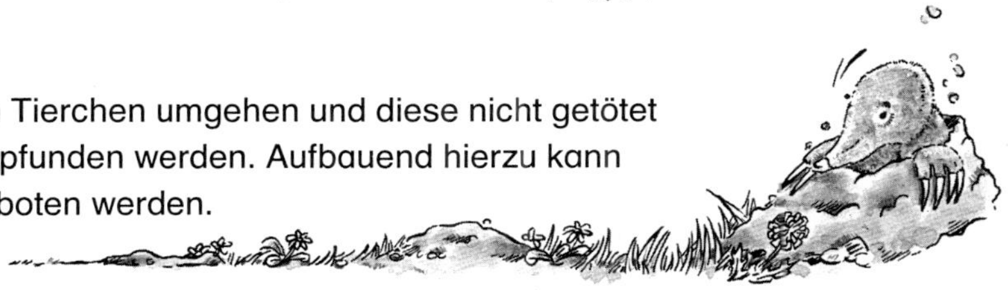

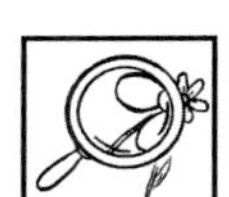

In welche Richtung wachsen Wurzeln? (ab 4 Jahren)

Für dieses Experiment etwa eine Woche Beobachtungszeit einplanen!

Material:
2 Bohnensamen, 1 Glas, Erde, Wasser

Arbeitsanleitung:
Das Glas wird bis zur Hälfte mit Erde gefüllt. Direkt am Glasrand werden die Bohnensamen leicht in die Erde gedrückt: Eine Bohne wird mit ihrer Einkerbung nach unten gelegt und die andere mit ihrer Einkerbung nach oben.
Die Erde wird gut mit Wasser befeuchtet und das Glas an einen warmen, hellen Ort gestellt.
Schauen Sie nun jeden Tag mit den Kindern nach, was passiert.
Dabei müssen die Samen regelmäßig gegossen werden.

Eine Erklärung zu dem Experiment finden Sie auf Seite 6.

Mischerde (ab 4 Jahren)

Material:
1 großes Einmachglas, 1 Hand voll Erde, Wasser, 1 langer Löffel oder Stab

Wenn wir von draußen Erde einsammeln, besteht diese meist nicht nur aus einer einzigen Sorte, sondern setzt sich zum Beispiel aus Kies, Sand, Lehm und Humus zusammen. Mit einem einfachen Experiment kann man herausfinden, welche einzelnen Bestandteile die Erde enthält:

Arbeitsanleitung:
Aus dem Außengelände wird eine große Hand voll Erde geholt und in das Einmachglas gegeben. Nun wird das Glas bis oben mit Wasser gefüllt und die Mischung gut umgerührt.
Nach einem Tag setzen sich die einzelnen Erdschichten ab und man kann erkennen, aus welchen Bestandteilen die Erde besteht: Unten am Boden setzt sich zum Beispiel der Kies ab, darüber der Sand, dann der Lehm und darüber das Wasser. Auf dem Wasser schwimmen kleine Pflanzenreste.

Hinweis:
Dieses Experiment kann man auch mit verschiedenen Erdsorten durchführen. Unter einem Busch befindet sich meist andere Erde als in einem Blumenbeet oder unter dem Rasen. Füllen Sie mit den Kindern verschiedene Gläser und kennzeichnen Sie diese mit den „Fundorten“.

Erde als Wasserfilter – eine Kläranlage (ab 4 Jahren)

Material:
4 große Joghurtbecher, 1 Prickelnadel, 1 Kaffeefilter, Sand, Kies, Lehm (alternativ: Wolle), sehr schmutziges Wasser, 1 große durchsichtige Schüssel

Arbeitsanleitung:
In die Böden der Joghurtbecher werden mit der Prickelnadel einige Löcher gestochen. Ein Becher wird bis zur Hälfte mit Sand, ein anderer mit Kies und ein dritter mit Lehm (oder Wolle) gefüllt. In den vierten Becher wird der Kaffeefilter gelegt.
Nun werden die fünf Behälter ineinandergestapelt: In die durchsichtige Schüssel wird der Becher mit dem Kaffeefilter gestellt, darauf der mit dem Lehm bzw. der Wolle, dann der mit dem Sand, schließlich zuoberst der Becher mit dem Kies.
Nun wird das schmutzige Wasser auf den Kies geschüttet:
Wir können beobachten, wie das Wasser durch die „natürliche Kläranlage“ hindurchläuft und fast klares Wasser unten herausfließt.

Starke Bohne (ab 3 Jahren)

Für dieses Experiment bitte einige Tage Beobachtungszeit einplanen!

Material:
1 getrockneter Bohnensamen, 1 durchsichtiger Plastikbecher, Gips zum Anrühren, 1 Löffel, Wasser

Arbeitsanleitung:
Den Gips wie auf der Packung beschrieben anrühren und in den Plastikbecher füllen.
Den Bohnensamen in den Gips hineindrücken.

Nach einigen Stunden wird der Gips hart. Der Bohnensamen saugt das Wasser im Gips auf und wird immer größer, nach wenigen Tagen fängt er an zu keimen. Außerdem bildet er Wurzeln.
Der Druck der Bohne auf den Gips wird immer stärker: Erst bilden sich kleine Risse, die immer größer werden, und schließlich sprengt die Bohne sogar den festen Gips auseinander!

Säen und Ernten (ab 2 Jahren)

Material:
1 Blumentopf für jedes Kind (man kann auch leere Joghurtbecher nehmen, die evtl. vorher angemalt werden), Kressesamen, Blumenerde, Pflanzenbestäuber, Wasser

Arbeitsanleitung:
Jedes Kind füllt seinen Blumentopf mit Erde. In die Erde schreibt das Kind mit dem Finger seinen Namen oder malt ein Symbol hinein, zum Beispiel ein Herz. Die Kressesamen werden in die Rillen gesät. Nun muss die Kresse jeden Tag ein wenig gegossen werden (am besten mit einem Pflanzenbestäuber).
Jüngere Kinder können die Kresse natürlich auch einfach so einpflanzen.
Die Kinder können nun täglich beobachten, wie die Kresse wächst.

Hinweise und weiterführende Ideen:
Neben Kresse eignen sich natürlich auch noch andere Pflanzen zum Säen und Ernten, wie zum Beispiel Petersilie oder Schnittlauch. Kresse hat den Vorteil, dass sie sehr schnell wächst.
Wenn die Kresse groß genug geworden ist, wird sie abgeschnitten. Wer mag, der darf beim Frühstück sein Butterbrot mit Kresse belegen.
Weiterführend zu dem Angebot „Mischerde“ auf Seite 28 kann ausprobiert werden, in welcher Erde Kresse am besten wächst. Dafür wird je ein Blumentopf mit Sand, Walderde, Blumenerde und Lehm gefüllt und die Kresse dort eingepflanzt. (Lösung: Kresse wächst am schnellsten in Blumenerde, da dort die meisten Nährstoffe enthalten sind.)

BVK • Jenny Hütter: Kita aktiv „Projektmappe Erde“

Kistengarten (ab 4 Jahren)

Material:
1 Obstkiste aus Holz, 1 kleine Glasschale mit Wasser, Samen von Gräsern und Blumen, Stecklinge, Kräuter, Naturmaterialien wie kleine Äste, Steine usw., Erde

Arbeitsanleitung:
In der Obstkiste legen die Kinder einen Mini-Garten an:
In eine Ecke der Kiste stellen sie die mit Wasser gefüllte Glasschale. Das ist der Teich. Der Rest der Kiste wird mit Erde gefüllt. Hier können wir verschiedene Pflanzen aussäen und den „Garten" ganz nach Belieben gestalten. Wo später die „Wiese" entstehen soll, werden zum Beispiel die Gras- und Blumensamen ausgestreut. Der zukünftige „Kräutergarten" wird mit Petersilie, Schnittlauch oder Ähnlichem bepflanzt.

Mit Ästen und Steinen kann der Garten zusätzlich dekoriert werden, zum Beispiel indem man eine kleine Steinmauer errichtet, die den Kräutergarten von der Blumenwiese trennt.

Hinweis:
Bis der Garten grün wird, dauert es rund zwei Wochen. Die genaue Zeitdauer hängt davon ab, welche Kräuter usw. eingepflanzt wurden.
Der Kistengarten eignet sich auch gut als Muttertagsgeschenk.

Ohrenkneiferstation (ab 4 Jahren)

Material:
1 Blumentopf, Holzwolle, 1 Stück Drahtgeflecht, 1 Holzstab (ca. 20 cm lang und etwa 0,5 – 1 cm dick)

Arbeitsanleitung:
Die Holzwolle wird in den Blumentopf gefüllt. Über die Öffnung wird das Drahtgeflecht gelegt und umgebogen, sodass die Holzwolle nicht herausfallen kann. Der Holzstab wird in den Blumentopf gesteckt. Nun dreht man das Ganze herum und steckt es in den Garten.
Über den Stab werden Ohrenkneifer in den Topf kriechen, da sich in der Holzwolle schnell Läuse einnisten, die die Ohrenkneifer gern fressen. So werden die Ohrenkneifer den Topf schnell als „Wohnung" annehmen und die Kinder können sie gut beobachten.

Hinweis:
Trotz ihres Namens interessieren sich die Ohrenkneifer nicht für unsere Ohren. Viele Ohrenkneifer gelten als Anzeichen für einen gesunden Garten. Sie sind nützlich für die Schädlingsbekämpfung, da sie zum Beispiel Blattläuse, Schmetterlingsraupen und andere Schädlinge fressen.
Aber Vorsicht: Ohrenkneifer knabbern auch selbst gern an weichen Pflanzenteilen, wie zum Beispiel Blüten. Von daher sollte die Ohrenkneiferstation im Frühjahr nicht in der Nähe des Blumen- oder Gemüsebeetes aufgestellt werden!

BVK • Jenny Hütter: Kita aktiv „Projektmappe Erde"

Die Regenwurm-Beobachtungsstation (ab 3 Jahren)

Material:

1 leeres Aquarium (50 l), Sand, Gartenerde, etwas Laub, 1 leere Konservendose, 1 Decke, 1 Becherlupe oder kleiner Eimer, Wasser, evtl. 1 Schippe

Arbeitsanleitung:

1. Das Aquarium wird schichtweise mit Sand und Gartenerde gefüllt. Jede Schicht sollte etwa 5 – 7 cm dick sein. Das Ganze wird mit einer dünnen Lage Laub bedeckt und ein wenig gegossen, damit die Erde schön feucht ist.

2. Nun werden im Außengelände Regenwürmer gesucht. Dazu gehen die Kinder mit einer leeren Konservendose nach draußen und setzen diese mit der Öffnung auf den Boden. Die Kinder müssen sich nun ganz ruhig verhalten. Ein Kind klopft mit den Fingerspitzen leicht auf den Boden der Konservendose. Die Regenwürmer nehmen diese Erschütterung in der Erde wahr und kommen nach einiger Zeit an die Erdoberfläche. Dort können die Kinder sie vorsichtig aufnehmen und in die Becherlupe oder in den Eimer legen. Insgesamt sollten ca. vier bis acht Regenwürmer gesammelt werden. Generell sind die Regenwürmer bei Regenwetter schneller und leichter zu finden. Man kann auch mit einer Schippe ein Loch in die Erde graben, in der ausgehobenen Erde sind mit Sicherheit einige Regenwürmer zu finden. Je trockener es ist, desto tiefer muss das Loch sein, da für Regenwürmer Feuchtigkeit lebensnotwendig ist.

3. Anschließend werden die Regenwürmer in die Beobachtungsstation gesetzt.

4. Da Regenwürmer sehr lichtempfindlich sind, muss das Aquarium abgedeckt werden. Am besten verdunkelt man es mit einer großen Decke. Zu Beobachtungszwecken kann man die Decke natürlich abnehmen. Außerdem muss die Erde immer feucht gehalten werden – Regenwürmer brauchen Feuchtigkeit, Dunkelheit und Wärme.
   Die Regenwürmer müssen regelmäßig gefüttert werden. Hierzu eignen sich zum Beispiel Kaffeesatz, Salatblätter oder auch Obst- und Gemüsereste. Generell sollte von allem nicht zu viel gefüttert werden, sondern von allen Nahrungsmitteln immer nur ein wenig. Am nächsten Tag kann dann etwas nachgefüttert werden.

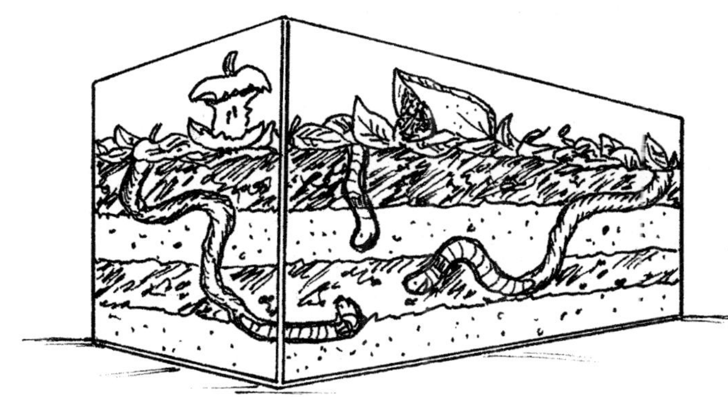

In der Beobachtungsstation können die Kinder vieles über Regenwürmer herausfinden:

- Wie bauen sie ihre Gänge?
- In welchen Erdschichten halten sie sich am liebsten auf?
- Wie fressen sie?
- Wie bewegen sie sich fort?
- …

Anlegen eines Komposthaufens (ab 4 Jahren)

Material:
20 Holzlatten (1 m lang, ca. 15 cm breit), 20 Holzlatten (1 m lang, ca. 15 cm breit), 8 Pfosten (ca. 1,5 m lang, Durchmesser: ca. 10 cm), Schrauben, Akkubohrer, Vorschlaghammer, einige Regenwürmer bzw. Kompostwürmer (vielleicht haben Nachbarn oder Eltern einen Komposthaufen und können ein paar Würmer abgeben)

Vorbereitung:
Suchen Sie im Außengelände nach einem geeigneten Platz für den Komposthaufen (hierbei auf genügend Abstand zum Nachbargrundstück achten). Er sollte windgeschützt und im Halbschatten auf einem lockeren, luftdurchlässigen Untergrund stehen, durch den die Regenwürmer hindurchkriechen können. Die Maße des Komposthaufens sind 1 x 1 m.
Er sollte etwa 1 m hoch sein.
Es sollten zwei Rahmen angefertigt werden, da der Kompost regelmäßig umgesetzt werden muss.
Das Angebot ist auch gut für eine Eltern-Kind-Aktion geeignet.

Arbeitsanleitung für die Rahmen:
Die Pfosten werden als Eckpfeiler mit dem Vorschlaghammer etwa 0,5 m tief in den Boden geschlagen. Nun werden die Holzlatten zwischen den Eckpfeilern mit den Schrauben und dem Akkubohrer befestigt. Zwischen den Holzlatten jeweils einen Abstand von etwa 5 cm lassen, damit Luft in den Kompost gelangt.
Alternativ gibt es Kompostbehälter auch fertig zu kaufen.

Hinweise zur Kompostierung:
Die unterste Schicht im Komposthaufen sollte aus grobem Material, wie zum Beispiel zerkleinerten Holzresten, bestehen. Das sorgt dafür, dass der Kompost von unten gut durchlüftet wird. Als Nächstes wird das zu kompostierende Material hineingefüllt, dabei sollte man dieses gründlich durchmischen, damit der Kompost locker und luftdurchlässig wird. Als Zwischenlage kann man etwa alle 20 cm eine Schicht Stroh, Heu, Äste oder trockenen Grasschnitt einstreuen, das sorgt zusätzlich für eine gute Luftzirkulation. Über frische Küchenabfälle gibt man am besten eine dünne Schicht Erde, damit keine Ratten angelockt werden.
Im Sommer muss der Kompost feucht gehalten werden, damit er nicht austrocknet. Das ist wichtig für die Tiere, die im Komposthaufen leben, denn sie brauchen viel Feuchtigkeit. Wird der Kompost zu trocken, so ziehen sie sich in tiefere Bodenschichten zurück.
Wenn man einen Komposthaufen anlegt, sollte man etwa 20 Regenwürmer hineinsetzen.
Ein- bis zweimal im Jahr sollte der Komposthaufen umgesetzt werden, das heißt, die oberste Schicht nach unten verlegt werden (daher auch der zweite Rahmen).
Nach zirka einem Jahr ist der Kompost fertig und die Humuserde kann als Dünger für den Garten oder die Zimmerpflanzen verwendet werden.

Was gehört in den Komposthaufen?

- Äste, Gras, Laub (sollte schon durchwelkt sein)
- Pflanzenreste
- Speisereste (z. B. Obst und Eierschalen, jedoch keine süßen oder gekochten Speisen)
- Kaffeesatz (lockt Regenwürmer an), Teereste
- Mist von Kleintieren
- zerkleinerte Holzreste

Wo wächst das Gemüse? (1) (ab 4 Jahren)

Schneide die Bilder aus. Wo wächst das Gemüse?

Klebe die Bilder **in** oder **auf** die Erde auf Blatt (2).

Wo wächst das Gemüse? (2) (ab 4 Jahren)

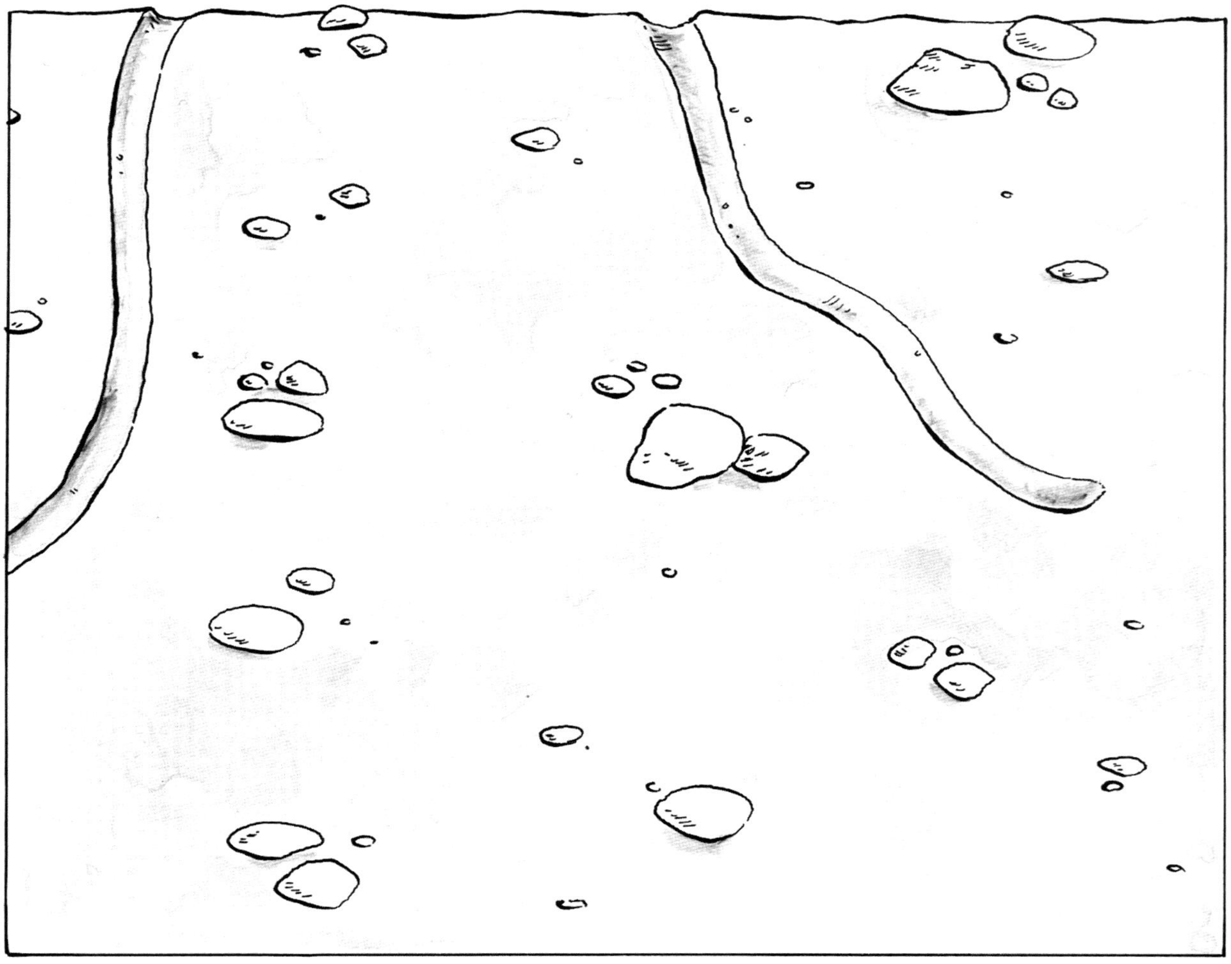

Kartoffelsuppe (ab 3 Jahren)

Zutaten:
2 kg Kartoffeln, 600 g Lauch, 1 kg Möhren, 100 g Schmelzkäse, 500 g Sahne, Gemüsebrühe, Wasser, Salz und Pfeffer

Arbeitsmittel:
Sparschäler, Messer, Schneidebrettchen, großer Kochtopf mit Deckel, Schneebesen, Teelöffel, Kochlöffel, Herd

Zubereitung:
Die Kartoffeln, die Möhren und den Lauch waschen. Die Kartoffeln und Möhren schälen und in kleine Stücke bzw. etwa 1 cm dicke Scheiben schneiden.
Auch den Lauch in ca. 1,5 cm dicke Ringe schneiden.
Ungefähr drei Liter Wasser mit zwei Teelöffeln Salz in einem Topf zum Kochen bringen und etwas Gemüsebrühe mit einem Schneebesen einrühren. Die Kartoffeln und Möhren hinzugeben und das Ganze 15 Minuten bei geschlossenem Deckel kochen lassen. Danach den Lauch hinzufügen und weitere fünf Minuten köcheln lassen.
Die Sahne und den Schmelzkäse hinzufügen und mit dem Kochlöffel gut durchrühren, sodass sich der Käse auflöst. Die Suppe noch zehn Minuten köcheln lassen und zum Schluss mit Salz und Pfeffer abschmecken.

Wo sind Kartoffeln drin? (ab 4 Jahren)

Verbinde die richtigen Bilder mit den Kartoffeln.
Male alle Dinge aus Kartoffeln gelb an.

(bitte bei Bedarf hochkopieren)

Dips zu einem Rohkostteller (ab 3 Jahren)

Arbeitsmittel:
1 Schüssel für jeden Dip, 1 Handrührgerät, 1 Knoblauchpresse, 1 Schneidebrettchen, 1 Messer, 1 Sieb, 1 Pürierstab, 1 Blitzhacker, 1 Kochlöffel, Wasser

Kräuter-Dip

Zutaten:
100 g Joghurt, 50 g Quark, 1 Knoblauchzehe, Kräuter (Petersilie, Schnittlauch, Kresse), Zitronensaft, Salz und Pfeffer

Zubereitung:
Die Kräuter waschen und kleinschneiden.
Joghurt und Quark mit dem Handrührgerät verrühren. Die Knoblauchzehe schälen, durch die Knoblauchpresse drücken und zu der Joghurt-Quark-Masse geben. Die Kräuter unterheben. Das Ganze mit etwas Zitronensaft, Salz und Pfeffer würzen.

Radieschencreme

Zutaten:
1 Bund Radieschen, 150 g Frischkäse, Kräuter (Petersilie, Schnittlauch, Kresse), evtl. etwas Milch, Zitronensaft, Salz und Pfeffer

Zubereitung:
Die Kräuter und die Radieschen waschen und kleinschneiden. Die Radieschen mit dem Blitzhacker pürieren und in eine Schüssel füllen. Den Frischkäse zu den pürierten Radieschen geben und verrühren. Das Ganze kann mit etwas Milch cremiger geschlagen werden. Mit Zitronensaft, Salz und Pfeffer würzen.

Tomaten-Käse-Dip

Zutaten:
1 Paket Feta-Käse, 200 g Frischkäse, eine halbe Zwiebel, 1 Knoblauchzehe, 6 getrocknete (in Öl eingelegte) Tomaten, Kräuter (Petersilie, Kresse, Schnittlauch, Oregano), Salz und Pfeffer

Zubereitung:
Die halbe Zwiebel und die Knoblauchzehe schälen und die Zwiebel in kleine Stücke schneiden. Dann die Tomaten durch ein Sieb in eine Schüssel geben und die Kräuter kleinschneiden. Die Zwiebel mit dem Blitzhacker pürieren und zusammen mit dem Feta-Käse in die Schüssel mit den Tomaten füllen. Nun das Gemisch mit dem Pürierstab zerkleinern. Die Knoblauchzehe durch die Knoblauchpresse drücken und zu der Masse hinzugeben. Auch den Frischkäse, die Kräuter und die Gewürze mit dem Kochlöffel kräftig einrühren.

Hinweis:
Bieten Sie den Kindern einen Rohkostteller an, an dem sie sich den ganzen Tag über bedienen können. Je nach Jahreszeit kann dazu auch Gemüse aus dem eigenen Garten genommen werden. Ansonsten sind bestimmt auch Eltern bereit, etwas Gemüse mitzubringen, um so einen Beitrag zur gesunden Ernährung zu leisten.
In rohem Gemüse sind viele fettlösliche Vitamine enthalten, deshalb sind Rohkost-Dips ein wichtiger Beitrag zur gesunden Ernährung.

Maulwurfshügeltorte (ab 3 Jahren)

Zutaten:
6 Eier, 200 g Zucker, 150 g weiche Butter, 3 Tütchen Vanillezucker, 100 g Mehl, 1 Tütchen Backpulver, 3 Esslöffel Kakao, 4 Bananen, 3 Becher Sahne, 3 Tütchen Sahnestandmittel, etwas Margarine

Arbeitsmittel:
1 Springform, 1 Pinsel, 2 große Schüsseln, Küchenwaage, 2 kleine Schalen, 1 Handrührgerät, 1 Löffel, 1 Küchenmesser, 1 Schneebesen, 1 Brettchen, Backofen, Kühlschrank

Zubereitung:

1. Bei den Eiern werden Eiweiß und Eigelb getrennt und jeweils in eine kleine separate Schale gefüllt.

2. Die Butter, der Zucker und ein Tütchen Vanillezucker werden in einer großen Schüssel mit dem Handrührgerät schaumig geschlagen. Nun wird das Eigelb nach und nach hinzugegeben und mit untergerührt.

3. Das Mehl, der Kakao und das Backpulver werden nach und nach in den Teig eingerührt. Nun wird das Eiweiß in einer anderen Schüssel steif geschlagen und anschließend vorsichtig mit dem Schneebesen in den Teig untergehoben.

4. Dann wird die Springform eingefettet, der Teig hineingefüllt und glattgestrichen.
   Das Ganze wird 45 Minuten bei 180 °C im vorgeheizten Ofen gebacken.
   Anschließend gut abkühlen lassen!

5. Der Kuchen wird nun aus der Form genommen und mit Hilfe eines Löffels ca. 1 cm tief ausgehöhlt. Dabei muss ein etwa 1 – 2 cm breiter Rand außen stehenbleiben. Am besten diesen vorher mit einem Messer in die Oberfläche einschneiden. Das Kucheninnere wird in eine Schüssel gefüllt und zerbröselt.

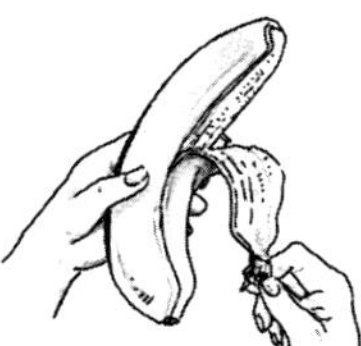

6. Die Bananen werden geschält, einmal längs durchgeschnitten und auf dem Tortenboden verteilt. Evtl. müssen die Bananen noch einmal durchgeschnitten werden, damit sie den Tortenboden vollständig bedecken.

7. Die Sahne wird in einer Schüssel steif geschlagen. Nach und nach wird das Sahnestandmittel und der restliche Vanillezucker hinzugegeben. Die Sahnemasse wird nun mit Hilfe eines Löffels kuppelartig auf dem Bananenboden verteilt.

8. Zum Schluss werden die Kuchenkrümel dick über die Torte gestreut.
   Die Torte sollte noch etwa zwei Stunden lang kaltgestellt werden.

Hinweis:
Der Kuchen ergibt zwölf Stücke. Für eine ganze Kindergartengruppe macht man deshalb am besten das doppelte Rezept und backt direkt zwei Torten.

Bilder-Kopiervorlage von Zutaten und Haushaltsgegenständen

Kartoffelsuppe:

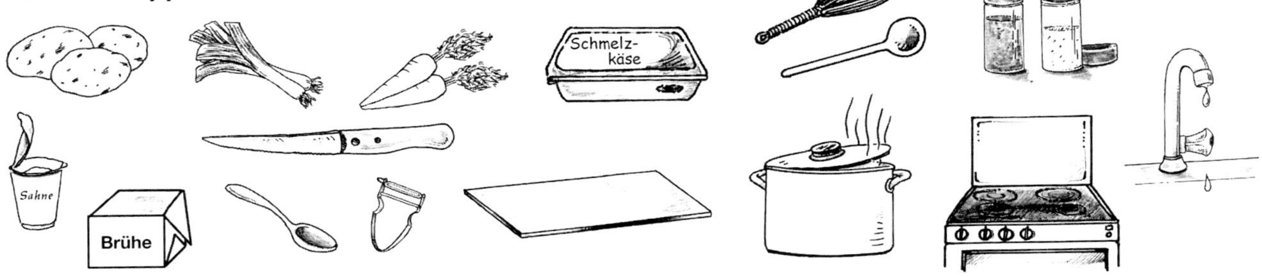

Schmelz-
käse
Sahne
Brühe

Dips zu einem Rohkostteller:

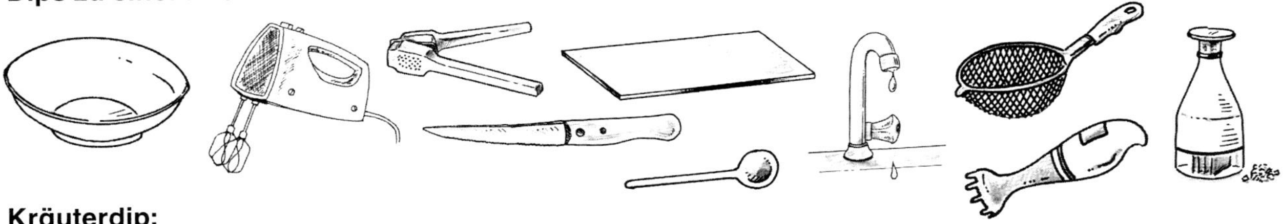

Kräuterdip:

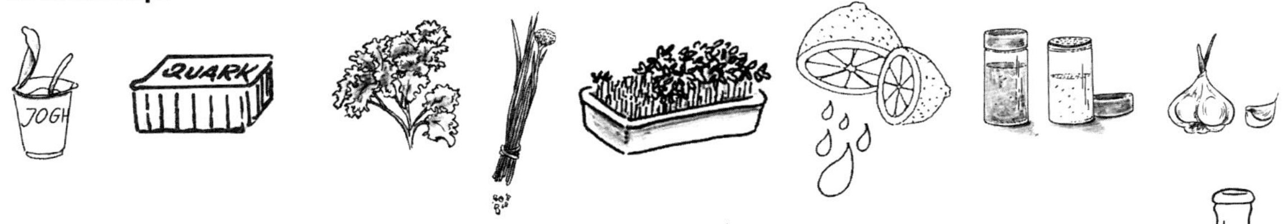

QUARK
JOGH

Radieschencreme:

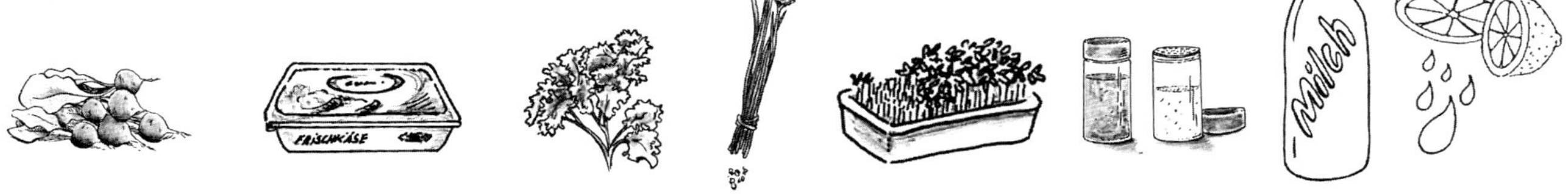

FRISCHKÄSE
Milch

Tomaten-Käse-Dip:

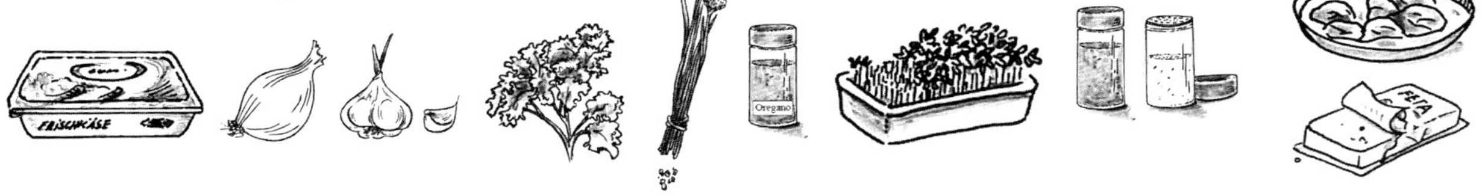

FRISCHKÄSE
Oregano
FETA

Maulfwurfshügeltorte:

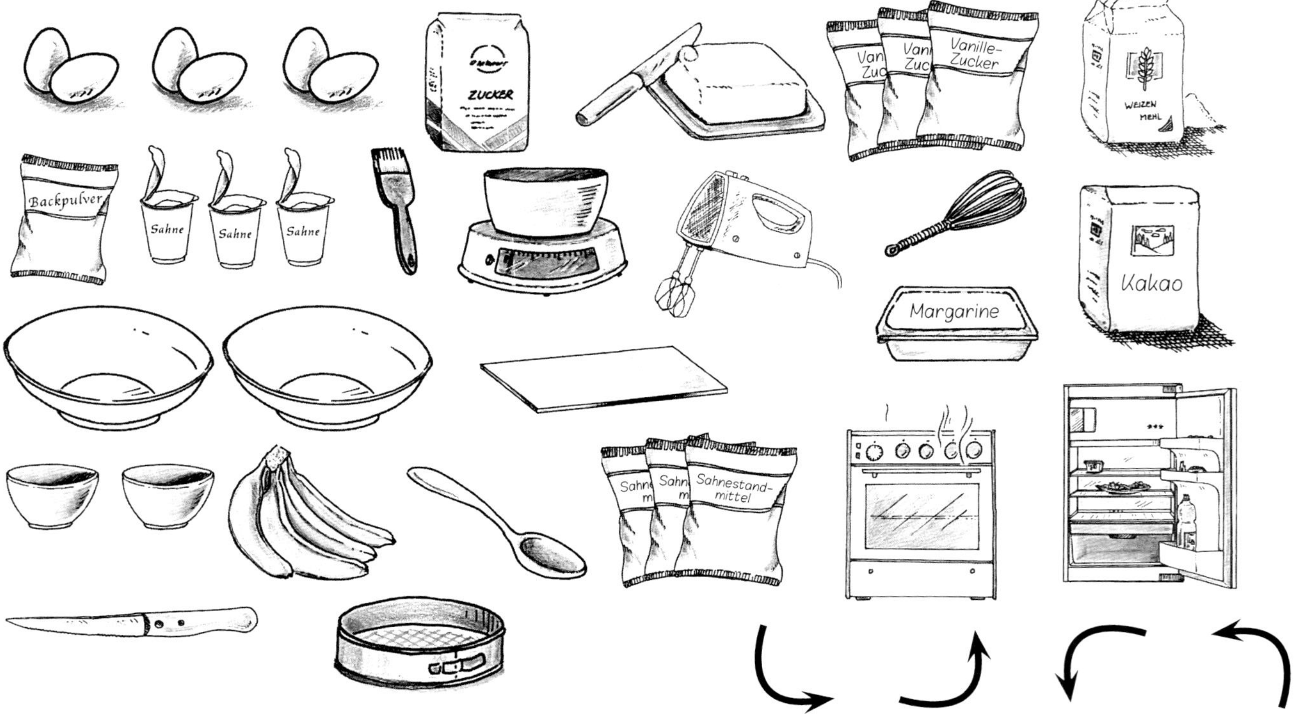

ZUCKER
Vanille-
Zucker
WEIZEN
MEHL
Backpulver
Sahne
Sahne
Sahne
Kakao
Margarine
Sahnestand-
mittel

Schneckenhaus (ab 4 Jahren)

Material:
Straßenmalkreide, für das zweite Spiel zusätzlich 1 Zahlenwürfel und 1 Stein für jedes Kind

Vorbereitung:
Dieses Spiel spielt man am besten auf Asphaltboden. Hier wird mit der Straßenmalkreide ein großes Schneckenhaus aufgezeichnet. Dieses sollte einen Durchmesser von etwa 1,20 m haben. Durch Querstriche wird es in zehn gleich große Felder unterteilt, die von außen nach innen nummeriert werden.

Spielmöglichkeit 1:
Auf einem Bein wird versucht, über die zehn Felder zu hüpfen. Dabei muss laut mitgezählt werden. Der Rückweg wird auf dem anderen Bein gehüpft, jetzt wird natürlich rückwärts gezählt!

Spielmöglichkeit 2:
Jedes Feld wird noch einmal unterteilt, sodass das Schneckenhaus nun aus zwanzig Feldern besteht. Jedes Kind erhält einen Stein. Es wird reihum gewürfelt und die Steine werden entsprechend der Anzahl der Würfelaugen gesetzt. Sieger ist, wer als Erster die Mitte des Schneckenhauses erreicht hat. Landet ein Stein auf einem Feld, auf dem schon der Stein eines Mitspielers liegt, so wird dieser hinausgeworfen und muss noch einmal von vorn beginnen. Das Ziel erreicht man nur mit der genauen Würfelzahl.

Variante:
Das Spiel kann auch als Brettspiel gespielt werden. Dazu einfach ein Schneckenhaus auf Papier aufmalen und laminieren.

Erde wiegen (ab 4 Jahren)

Material:
unterschiedliche Erdsorten (z. B. Gartenerde, Sand etc.) und andere Naturmaterialien (z. B. Laub, Nadelstreu, kleine Äste, Kies etc.), 1 Balkenwaage mit Gewichten, leere Joghurtbecher, evtl. größere Plastikbehälter

Vorbereitung:
Die Naturmaterialien werden in die leeren Joghurtbecher gefüllt.

Arbeitsanleitung:
Die Kinder sollen schätzen, wie schwer die einzelnen Materialien sind. Was ist am leichtesten, was ist am schwersten? Die Kinder versuchen, die Joghurtbecher von schwer nach leicht richtig zu ordnen. Anschließend überprüfen sie mit Hilfe der Balkenwaage, ob sie alles in die richtige Reihenfolge gebracht haben.
Mit der Waage und den Materialien können nun die Kinder weiter das Gewicht und das Volumen der Materialien miteinander vergleichen: Wie viel Laub benötigt man zum Beispiel, wenn es genauso schwer sein soll wie ein Joghurtbecher mit Erde?

BVK • Jenny Hütter: Kita aktiv „Projektmappe Erde"

Wie viele Tomaten siehst du? (ab 5 Jahren)

Male alle Tomaten rot.

Schreibe die richtigen Zahlen in die Kästen.

Wer frisst wen? (ab 5 Jahren)

Die großen Tiere fressen die kleinen.

Trage das richtige Zeichen in die Kästchen ein:

> = kleiner als **< = größer als**

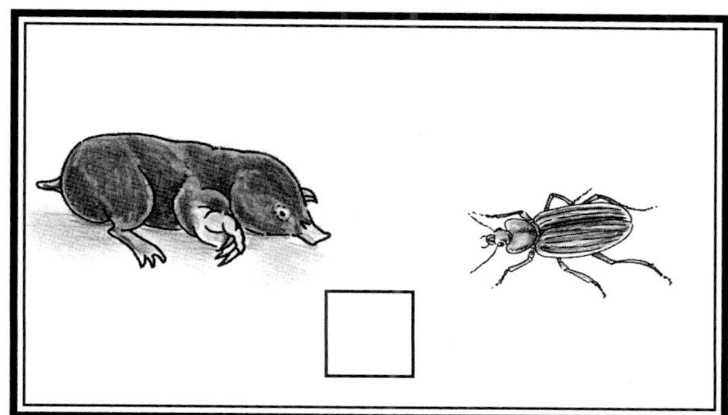

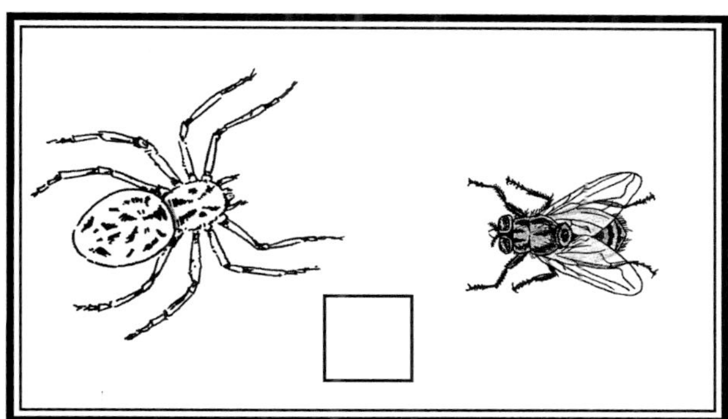

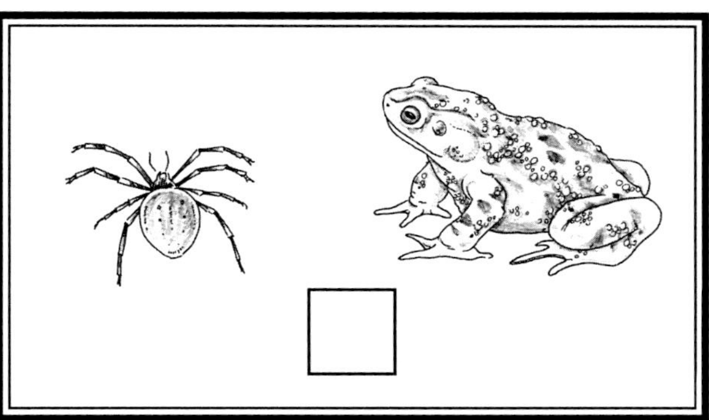

BVK • Jenny Hütter: Kita aktiv „Projektmappe Erde“

Starke Ameisen (ab 5 Jahren)

Ameisen sind sehr starke Tiere.
Wie viele kleine Ameisen kann die große Ameise tragen?
Verbinde die richtige Anzahl der kleinen Ameisen mit jeder großen Ameise.

Wortgottesdienst zum Thema „Kleines Samenkorn“ (1)

(ab 3 Jahren)

Material:
1 Schale mit Erde, 1 Krug mit Wasser, 1 braunes Tuch (ca. 70 x 70 cm), 1 selbst gebastelte Sonne aus Pappe, so viele Senfkörner wie Kinder

Vorbereitung:
Das braune Tuch wird vor dem Altar ausgebreitet.

Lied zum Einstieg:
„Die Erde ist schön, es liebt sie der Herr“ (Text: Verlag Neue Stadt / Redaktion, Melodie: Soeur Sourire; aus: Lieder der Mariapoli; Verlag Neue Stadt GmbH, München)

Hinführung zum Thema:
Ein Kind bringt die Schale mit der Erde nach vorn zum Altar. Die Schale wird auf das braune Tuch gestellt.

Der Leiter des Gottesdienstes oder das Kind spricht: „Guter Gott, wir danken dir für die Erde. In der Erde steckt das Geheimnis des Wachstums. Aus ihr wachsen die Pflanzen, sie gibt ihnen die nötigen Nährstoffe. Sie ist der Lebensraum vieler Tiere.“
Alle singen eine Strophe aus: „Du hast uns deine Welt geschenkt“ (s. u.); dabei folgende Worte einsetzen: „die Erde, die Pflanzen“.

Ein Kind bringt den Krug mit Wasser nach vorn. Dieser wird neben die Erde gestellt.

Der Leiter des Gottesdienstes oder das Kind spricht: „Guter Gott, wir danken dir für das Wasser. Es kühlt und erfrischt uns im Sommer. Wir brauchen es zum Waschen. Es löscht unseren Durst und lässt die Pflanzen in der Erde wachsen.“
Alle singen eine Strophe aus: „Du hast uns deine Welt geschenkt“; dabei folgende Worte einsetzen: „das Wasser zum Trinken“.

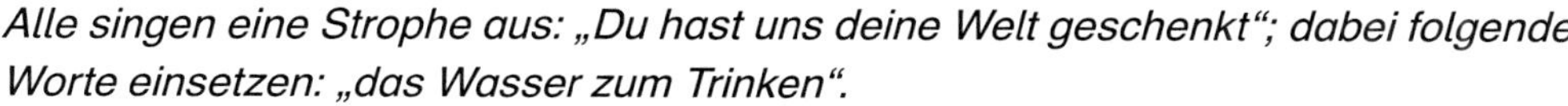

Ein Kind bringt die Sonne zum Altar und legt sie neben die anderen Dinge.

Der Leiter des Gottesdienstes oder das Kind spricht: „Guter Gott, wir danken dir für die Sonne. Sie schenkt uns Wärme und Licht. Tiere, Menschen und Pflanzen benötigen die Sonne zum Leben.“
Alle singen eine Strophe aus: „Du hast uns deine Welt geschenkt“; dabei folgende Worte einsetzen: „die Sonne, die Wärme“.

Lied, das während der Hinführung zum Thema gesungen wird:
„Du hast uns deine Welt geschenkt“ (Text: Rolf Krenzer, Melodie: Detlef Jöcker; aus: Evangelisches Gesangbuch Bayern und Thüringen, 612)

Lesung:
Das Gleichnis vom Senfkorn (Markus 4, 30 – 32)

Vertiefung des Themas:
Meditatives Spiel „Kleines Samenkorn“ (s. S. 50). Die Kinder stellen sich dazu im Altarraum auf.

Wortgottesdienst zum Thema „Kleines Samenkorn“ (2)

(ab 3 Jahren)

Lied:
„Kleines Senfkorn Hoffnung“, 1. Strophe (Text: Alois Albrecht, Musik: Ludger Edelkötter)

Gebet:
„Guter Gott, wir danken dir für die Erde, in der alle Pflanzen wachsen können. Du sorgst dafür, dass die Erde uns mit Gemüse und Obst reich beschenkt und wir dadurch immer genügend zu essen haben. Doch oft gehen wir achtlos mit unserer Erde um. Lieber Gott, hilf uns dabei, öfter an die Menschen zu denken, die nicht satt werden. Hilf uns dabei, dass wir jeden Tag dankbar sind für all die Dinge, die wir haben, während andere hungern müssen.
Amen.“

Schlusslied:
„Ich lobe meinen Gott, der aus der Tiefe mich holt“ (Text: Hans-Jürgen Netz, Musik: Christoph Lehmann; aus: Evangelisches Gesangbuch, 628)

Am Ende des Gottesdienstes bekommt jedes Kind, bevor es aus der Kirche geht, ein Senfkorn, das zu Hause eingepflanzt werden kann.

Der Schatz der Erdgnome (1) (ab 4 Jahren)

Material:
Brief (S. 45), Aufgabenkarten (S. 46), Filzstift, Stück Kordel

Für die einzelnen Stationen:

Station 1: Schminkstifte
Station 2: Augenbinde, Gegenstände zum Ertasten, zum Beispiel leeres Schneckenhaus, 1 Schüssel mit etwas Moos, 1 Schüssel mit Sand, 1 Schüssel mit Erde, Laubblatt, Stein, Ast, 1 Schüssel mit Gras, Gänseblümchen, Kartoffel, Möhre, Kohlrabi etc.
Station 3: 2 Pylonen
Station 4: mit Sand gefüllter Matschtisch, darin sind mehrere Gegenstände wie Steine, Äste, Blätter, Bauklotz, Spielzeugauto, zusammengeknülltes Butterbrotpapier, Stift, Moos, Würfel etc. versteckt (mindestens so viele Dinge, die nicht in die Erde gehören, wie Kinder)
Station 5: 1 Karton (z. B. Schuhkarton) und so viele Steine wie Kinder
Station 6: 2 Pylonen
Station 7: 1 langes Seil (evtl. mehrere Seilchen aneinanderknoten), Tücher zum Augenverbinden, verschiedene Geräte aus der Turnhalle für den Parcours, zum Beispiel: 3 Langbänke, 1 kleiner Kasten, 1 dicke Matte, 2 dünne Matten, 4 Reifen, Handtücher, Äste, Moos und Blätter (Aufbau des Parcours s. „Blinde Maulwürfe“, S. 56)
Station 8: 1 Schatztruhe, 1 Blumenzwiebel (z. B. Tulpenzwiebel) für jedes Kind
Station 9: 1 kleine Schippe für jedes Kind

BVK • Jenny Hütter: Kita aktiv „Projektmappe Erde“

Der Schatz der Erdgnome (2) (ab 4 Jahren)

Vorbereitung:
Der Brief und die Aufgabenkarten werden kopiert und ausgeschnitten. Der Brief wird zusammengerollt und mit einem Stück Kordel zusammengebunden. Die Aufgabenkarten werden auf der Rückseite mit den zugehörigen Zahlen von 1 – 9 beschriftet.
Die einzelnen Stationen werden entweder im Gruppenraum und / oder im Außengelände aufgebaut.
An jeder Station wird neben den Materialien eine Aufgabenkarte bereitgelegt.
Bei Station 3 werden die Pylonen in einem Abstand von etwa fünf Metern hintereinander aufgestellt, bei Station 6 mit einem Abstand von ca. sechs Metern.
Die Aufgabenkarte 9 wird in die Schatzkiste gelegt. Die Schatztruhe wird mit den Blumenzwiebeln gefüllt (eine Blumenzwiebel pro Kind) und im Sandkasten oder im Gruppenraum versteckt.
Die Station 7 wird so aufgebaut, dass das Seil die Kinder entweder zum Sandkasten führt oder in den Raum, in dem der Schatz versteckt liegt.

Durchführung:
Die Kinder sitzen in einem Kreis. Die Erzieherin holt den Brief hervor und liest ihn den Kindern vor.
Jetzt geht die Schatzsuche los und die Kinder müssen die Aufgabenkarte mit der Nummer 1 finden. Hier liest die Erzieherin die erste Aufgabe vor, die von den Kindern erledigt werden soll. Unter Umständen ist Hilfestellung nötig, damit auch jedes Kind die Aufgabe bewältigen kann. Nun geht es weiter zur zweiten Station und nacheinander werden alle Aufgaben ausgeführt.
Bei Station 3 werden die Kinder zu „Tausendfüßlern" (s. Spiel „Tausendfüßlerrennen", S. 58).
An Station 7 werden die Kinder zu blinden Maulwürfen (s. Spiel „Blinde Maulwürfe", S. 56).
Bei Station 8 suchen die Kinder nach der Schatzkiste. Die Blumenzwiebeln werden im Anschluss an die Schatzsuche im Außengelände eingepflanzt.

Liebe Kinder,

ihr kennt uns vielleicht nicht und habt uns auch noch nie gesehen, aber wir haben schon viel von euch gehört. Unter anderem, dass ihr euch besonders gut mit unserer wunderschönen Erde auskennt. Ihr wisst, welche Tiere in der Erde leben, wie nützlich die Erde ist und vieles mehr. Was ihr aber bestimmt noch nicht gehört habt, ist, dass auch wir, die Erdgnome, in der Erde leben. Wir wohnen so tief unter der Erdoberfläche, dass kein menschliches Wesen uns jemals entdeckt hat. Dafür, dass ihr so sorgsam mit unserer kostbaren Erde umgeht, möchten wir euch belohnen. Denn viele Menschen behandeln unseren Lebensraum sehr schlecht. Sie werfen Müll auf die Erde oder bauen Straßen darauf, sodass es immer weniger Lebensraum für Tiere, Pflanzen und auch uns gibt.
Um zu testen, ob ihr euch auch wirklich so gut mit unserer Erde auskennt, müsst ihr einige Aufgaben erfüllen, die euch zu einem geheimen Schatz führen. Dieser Schatz besteht nicht aus Gold oder Silber, das ihr Menschen so gern mögt. Nein, dieser Schatz ist viel, viel kostbarer! Am Anfang ist er noch klein und unscheinbar. Aber im Frühling, wenn die Sonne aus ihrem Winterschlaf erwacht und mit ihren goldenen Strahlen die Erde erwärmt, dann entfaltet dieser Schatz seine volle Schönheit! Lasst euch überraschen! Folgt einfach den nummerierten Kärtchen und erfüllt die Aufgaben der Reihe nach, dann werdet ihr den Schatz finden.

Eure Erdgnome

Der Schatz der Erdgnome (3) (ab 4 Jahren)

1. Aufgabe:
Malt euch ein gemeinsames Erkennungszeichen ins Gesicht (z. B. einen Punkt auf die Nase). So seht ihr wie die Erdgnome aus. Helft euch dabei gegenseitig!

2. Aufgabe:
Nacheinander bekommt ihr von eurer Erzieherin die Augen verbunden.
Jeder muss zwei Gegenstände ertasten, die ihm in die Hand gelegt werden.

3. Aufgabe:
Lauft wie ein Tausendfüßler von einem Hütchen zum nächsten.

4. Aufgabe:
In dieser Erde befinden sich Dinge, die in die Erde gehören. Aber es sind auch ein paar falsche Dinge dabei. Jeder von euch muss mindestens einen Gegenstand finden, der nicht in die Erde gehört.

5. Aufgabe:
Jeder sucht sich einen Stein aus der Kiste aus. Nehmt euch zwei Minuten Zeit, diesen Stein genau zu betrachten und zu erfühlen. Legt anschließend die Steine wieder in den Schuhkarton (eure Erzieherin mischt die Steine noch einmal gut durch). Versucht nun nacheinander, euren Stein wiederzufinden!

6. Aufgabe:
Kriecht wie eine Raupe. Das erste Kind stellt sich hin, alle anderen knien hinter ihm in einer langen Reihe. Umfasst mit euren Händen die Füße eures Vordermannes. Legt so den Weg von dem einen Hütchen bis zum nächsten zurück.

7. Aufgabe:
Könnt ihr euch auch ohne eure Augen zurechtfinden?
Folgt mit verbundenen Augen dem Seil und schon seid ihr fast am Ziel angelangt!

8. Aufgabe:
Sucht nun in diesem Sandkasten / diesem Raum nach der Schatztruhe!

9. Aufgabe:
Pflanzt diese Blumenzwiebeln in euren Garten ein. Im nächsten Frühjahr wird euch an genau dieser Stelle eine wunderschöne Überraschung erwarten!

Fuß-Fühlstraße (ab 3 Jahren)

Material:

ungefähr 9 flache Holzkisten (ca. 50 x 50 cm) oder Schuhkartons, verschiedene Erdsorten und andere Naturmaterialien, zum Beispiel Blumenerde, Ton, Waldboden, Lehm, Sand, Ackerboden, Kies, ein Stück ausgestochener Rasen, Moos etc., evtl. Tücher zum Augenverbinden, Schere, Folie

Vorbereitung:

Am besten eignen sich für die Fuß-Fühlstraße Holzkästen, da diese stabiler sind. Hat man keine zur Verfügung, nimmt man Schuhkartons und kleidet diese mit Folie aus. In die Kästen werden die verschiedenen Erdsorten und Naturmaterialien gefüllt. Dann werden sie hintereinander zu einer „Straße“ aufgestellt.

Arbeitsanleitung:

Die Kinder suchen sich einen Partner. Ein Kind zieht Schuhe und Socken aus und schließt die Augen (evtl. Augenbinden nehmen). Das andere Kind führt es nun vorsichtig über die Fuß-Fühlstraße hinüber. Bei jeder Kiste wird kurz angehalten. Das geführte Kind beschreibt, wie sich der Untergrund anfühlt: Ist er zum Beispiel hart, weich, kantig, glatt, warm, kalt, feucht oder trocken? Dann rät das Kind, auf welchem Material bzw. welcher Erdsorte es gerade steht.

Hinweis:

Jüngere oder ängstliche Kinder dürfen natürlich auch mit offenen Augen über die Fuß-Fühlstraße gehen. Das Erlebnis ist jedoch intensiver, wenn die Augen dabei geschlossen sind.
Auch das Gefühl, sich ganz auf jemand anderen zu verlassen und sicher geführt zu werden, ist eine wichtige Erfahrung für die Kinder.

Variante:

Stellen Sie die Kästen mit ins Freispiel. Immer ein Kind sitzt barfuß mit verbundenen bzw. geschlossenen Augen auf einem Stuhl. Ihm wird nun eine Kiste unter die Füße geschoben. Nur mit den Füßen soll das Kind fühlen, welches Material darinliegt. Natürlich kann man das Spiel beliebig ausweiten und auch andere Materialien verwenden, die mit den Füßen ertastet werden sollen (z. B. Tannenzapfen, Stein, Ast, Blätter …).

Erdsorten wahrnehmen (ab 4 Jahren)

Material:
1 Einmachglas für jedes Kind, für das Angebot „Erdgalerie“ Papier und Buntstifte, für das Angebot „Erdgeräusch-Memo-Spiel / Rasseln basteln“ 10 leere Filmdöschen

Vorbereitung:
Im Außengelände oder auf einem Spaziergang werden verschiedene Erdsorten gesucht. Jedes Kind nimmt von einer anderen Stelle etwas Erde und füllt diese in sein Glas. Wir sammeln zum Beispiel Humuserde, Kies, Sand, Lehm, Nadelstreu etc.

Spielmöglichkeiten:

Fühlen
Wie fühlen sich die verschiedenen Erdsorten an? Jedes Kind beschreibt seine Erde, dann gibt es sein Glas an die anderen Kinder weiter, sodass sie diese Erde auch einmal fühlen können.
Wörter, die sich zum Beschreiben der Erde eignen, sind zum Beispiel: nass, trocken, kalt, warm, klebrig, bröselig, hart, weich, glatt, grobkörnig, steinig …

Erdgalerie
Die Kinder stellen die Gläser nebeneinander in ein Regal, sodass sie ihre Erdgalerie immer wieder betrachten und die unterschiedlichen Erdsorten fühlen können.
Jedes Kind malt zu seinem Glas ein Schild, auf dem abgebildet ist, wo die Erde gefunden wurde (unter einem Busch, im Sandkasten etc.).
Vielleicht wissen die Kinder auch, wie ihre Erdsorte heißt (z. B. Sand, Lehm, Kies …). Dann kann die Erzieherin den Namen der Erdsorte auch auf das Schild schreiben.

Kim-Spiel
Die Kinder sollen mit verbundenen Augen nur durch Fühlen erkennen, um welche Erdsorte es sich handelt.

Erdfarben
Die Kinder sortieren ihre Erdgläser nach Farben, zum Beispiel von hell nach dunkel. Mögliche Fragen dazu sind: Welche Erdsorten sehen ähnlich oder gleich aus? Welche Erde hat einen gelblichen Ton? Welche Erde ist am dunkelsten?
Lassen Sie die Kinder dabei auch beschreiben, wie sie die Farben einer einzelnen Erdsorte wahrnehmen: Hat die Erde zum Beispiel einen gelblichen, bräunlichen oder rötlichen Farbton? Ist sie hell oder dunkel?

Erdgeräusch-Memo-Spiel / Rasseln basteln
Von jeder Erdsorte wird ein Teil in jeweils zwei leere Filmdöschen gefüllt und mit dem Deckel verschlossen. Die Dosen können als Musikinstrumente (Rasseln) verwendet werden oder mit ihnen kann ein Geräusche-Memo-Spiel gespielt werden.
Beim Memo-Spiel werden die Döschen gemischt und der erste Spieler darf nacheinander zwei Dosen schütteln. Hören sich diese gleich an, so darf er das Pärchen vor sich abstellen und das nächste Kind ist an der Reihe. Hören sich die Geräusche nicht gleich an, werden beide Dosen wieder in die Mitte gestellt.
Wenn ein Pärchen gefunden wurde, kann die Dose geöffnet und nachgesehen werden, ob auch wirklich das gleiche Material darin ist.

Sandmalerei (ab 2 Jahren)

Material:
2 Stücke Kordel (jeweils ca. 50 cm lang), 1 Becher mit Vogelsand, 1 Joghurtbecher, 1 Prickelnadel, 1 Holzbrett (mind. 70 x 70 cm)

Arbeitsanleitung:
Mit der Prickelnadel wird ein Loch in die Mitte des Joghurtbecherbodens gestochen. Dicht unter der Öffnung wird rechts und links in die Seiten ebenfalls je ein Loch gestochen. Eine Kordel wird durch beide Löcher gezogen und auf beiden Seiten außen mit einem Knoten befestigt.
Die zweite Kordel wird an einer beliebigen Stelle, zum Beispiel zwischen zwei Stühlen, gespannt. Das Holzbrett wird daruntergelegt und der Joghurtbecher über dem Holzbrett an die Kordel geknotet oder gehängt.

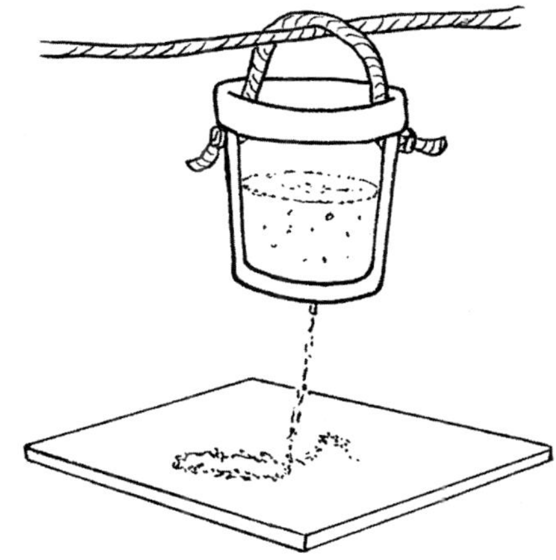

Spielmöglichkeit:
Den Sand in den Joghurtbecher füllen (so, dass dieser etwa bis zur Hälfte gefüllt ist) und den Becher leicht anstoßen.
Der Becher schwingt über das Brett und der Sand hinterlässt dort feine, gleichmäßige Muster.

Variante 1: Sandbilder

Material:
1 großer Bogen Papier, Vogelsand (evtl. gefärbt), Kleister, 1 dicker Pinsel

Spielmöglichkeit:
Bestreichen Sie das Papier mit Kleister. Nachdem der Sand daraufgerieselt ist, lässt man es gut trocknen. Wenn man das Blatt nach dem Trocknen anhebt, fällt der überschüssige Sand herunter und es bleibt nur das Muster übrig.
So entstehen schöne Sandbilder, die man beispielsweise im Flurbereich ausstellen kann.

Tipp:
Noch schöner sieht es aus, wenn Sie den Vogelsand vorher färben.

Variante 2: Mini-Zen-Garten

Material:
1 Spiegel mit Rahmen, Vogelsand, kleine Harke (aus Plastik), Gabel, Kamm, CD-Player, Entspannungsmusik

Spielmöglichkeit:
Der Sand wird auf den Spiegel gestreut. Es sollte etwa so viel Sand sein, dass der Spiegel dünn mit dem Sand bedeckt ist. Lassen Sie bei diesem Angebot leise Entspannungsmusik laufen. Die Kinder „malen“ dabei mit der Harke, der Gabel und dem Kamm Muster in den Sand. Je nach Größe des Spiegels können auch zwei Kinder ein gemeinsames Sandbild gestalten.

Meditatives Spiel „Kleines Samenkorn“ (ab 2 Jahren)

Material:
1 Chiffontuch für jedes Kind, Xylofon, Glockenspiel, Triangel, Klanghölzer, Handtrommel

Arbeitsanleitung:
Eine Erzieherin liest den Text langsam vor und spielt auf dem jeweiligen Instrument dazu.
Eine zweite Erzieherin gibt die entsprechenden Bewegungen vor, die die Kinder nachmachen.

Tipp:
Alternativ zu dem Spiel mit den Instrumenten kann auch ruhige Instrumentalmusik (Entspannungsmusik) abgespielt werden.

Spielmöglichkeit:

Vorlesetext	Bewegungen	Begleitende Spielmöglichkeiten auf den Instrumenten
Tief in der dunklen Erde liegen ruhig und still die kleinen Samenkörner.	*Die Kinder machen sich ganz klein und kauern sich auf dem Boden zusammen. Sie halten dabei ein zusammengeknülltes Chiffontuch in den Händen.*	*den Schlägel einmal abwärts über das Xylofon streichen*
Es ist kalt in der Erde.		*einen Ton auf dem Xylofon spielen*
Die kleinen Samenkörner warten darauf, dass die Sonne kräftiger scheint und es wärmer wird.	*Die Kinder blicken nach oben.*	*den Schlägel einmal abwärts über das Xylofon streichen*
Da kommt die Sonne hervor und erwärmt den Boden.		*Triangel anschlagen*
Zarte, grüne Triebe wachsen aus den Samenkörnern empor.	*Die Kinder strecken die Arme langsam nach oben.*	*auf dem Xylofon von tief nach hoch jeden Ton einmal anschlagen*
Sie recken und strecken sich langsam immer weiter der Sonne entgegen.	*Auch der Oberkörper wird langsam nach oben gestreckt.*	*auf dem Xylofon von tief nach hoch jeden Ton einmal anschlagen*
Die Wurzeln sind fest in der Erde und geben den kleinen Pflanzen Halt.		*Klanghölzer einmal gegeneinanderschlagen*
Die Sonne wärmt die kleinen Pflänzchen.		*Triangel anschlagen*
Der Regen sorgt für Nahrung.		*mit den Fingerspitzen auf die Handtrommel trommeln*
Und die kleinen Pflänzchen wachsen immer weiter und weiter der Sonne entgegen.	*Die Kinder machen sich ganz groß und öffnen langsam ihre Hände, sodass die Chiffontücher als Blüten zu sehen sind.*	*auf dem Xylofon von tief nach hoch jeden Ton einmal anschlagen*
Im Sommer kommen viele Kinder, um die schönen Pflanzen zu bewundern.		*den Schlägel einmal aufwärts über das Glockenspiel streichen*

Tiere in der Erde (ab 4 Jahren)

Male alle Tiere, die in der Erde leben, in ihren natürlichen Farben an.

Kreise die Tiere ein, die an der Erdoberfläche leben.

Der Maulwurfsbau (ab 4 Jahren)

Wie kommt der Maulwurf in seine Vorratskammer?

Zeichne ein.

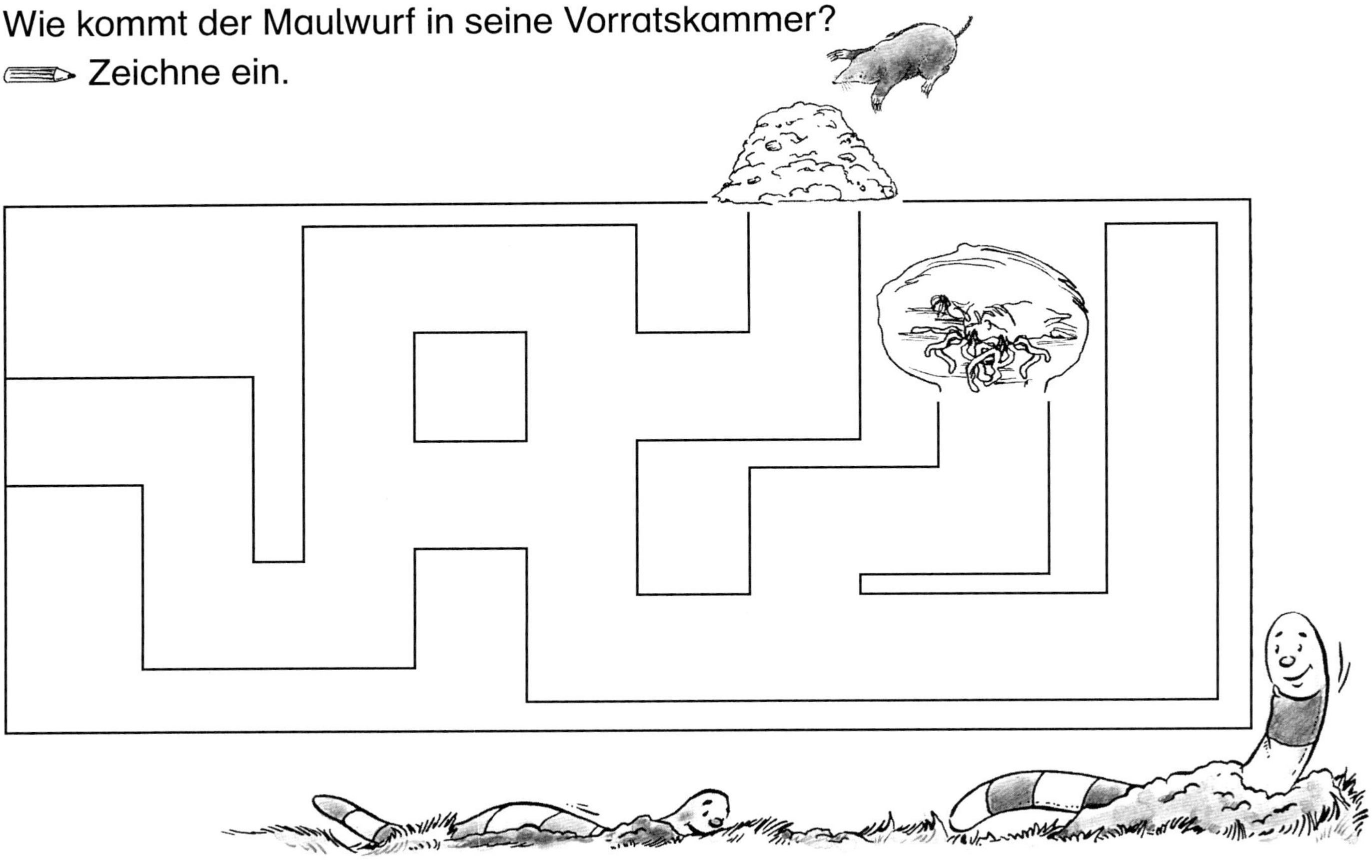

BVK • Jenny Hütter: Kita aktiv „Projektmappe Erde“

Schneckenhaus (ab 4 Jahren)

Verbinde die Punkte und male der Schnecke ein Haus.

Male sie bunt.

BVK • Jenny Hütter: Kita aktiv „Projektmappe Erde“

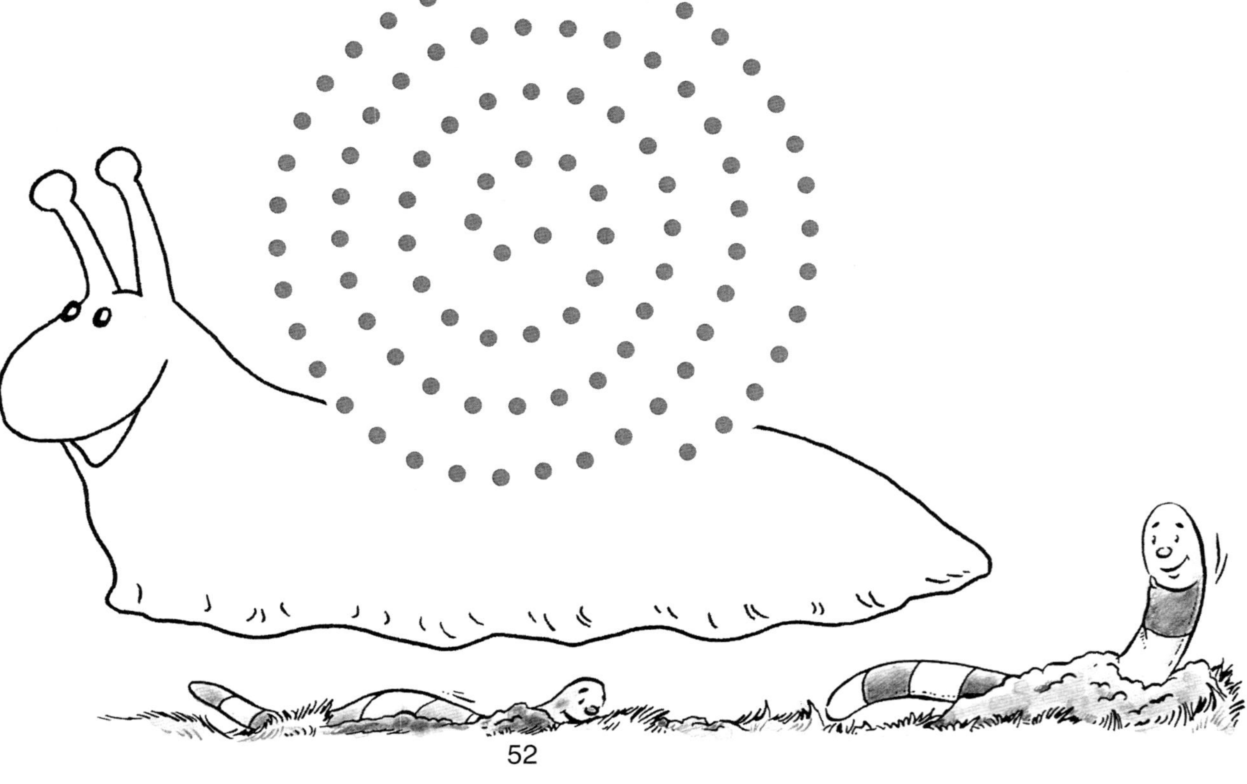

Spuren in der Erde (ab 4 Jahren)

Folge mit dem  Finger den Fußspuren.
Zu welchem Tier gehören sie? 
Male die Fußspuren und das passende Tier in einer Farbe an.

Blumen (ab 5 Jahren)

Male die Blumen fertig. Alle sollen gleich aussehen.

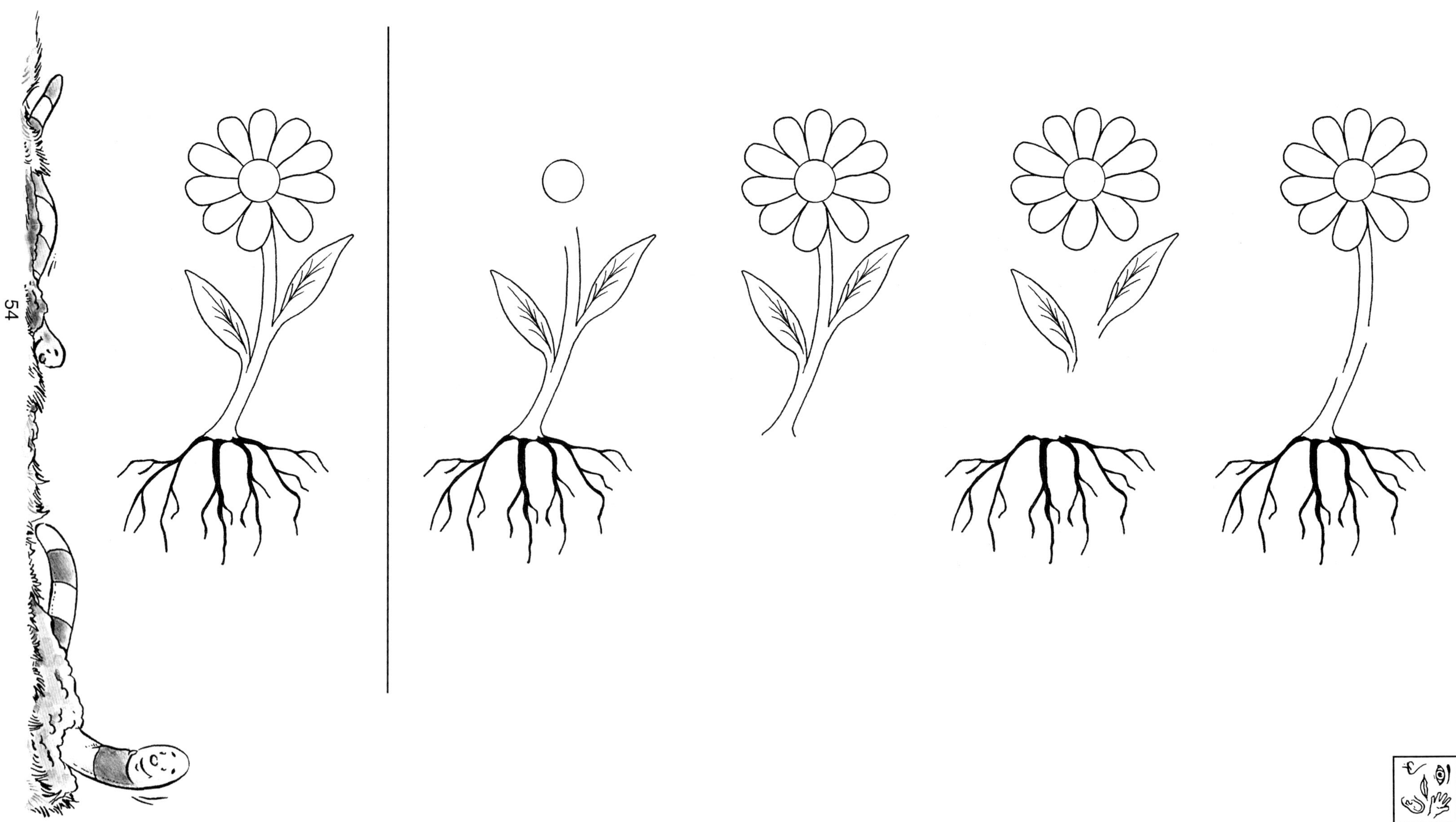

Das Spinnennetz (ab 4 Jahren)

Zeichne das Spinnennetz mit einem Bleistift weiter.

Male eine Spinne in das Spinnennetz.

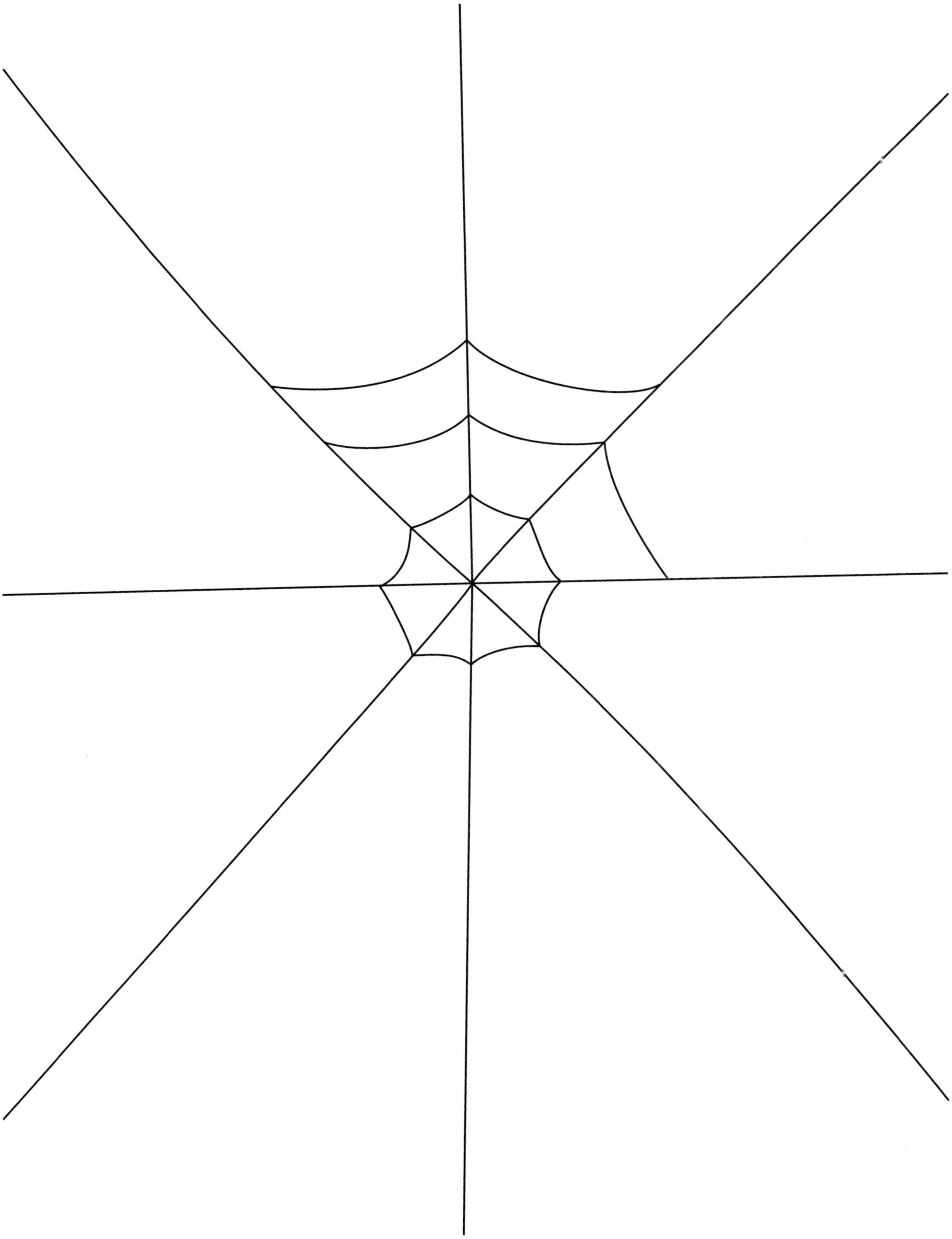

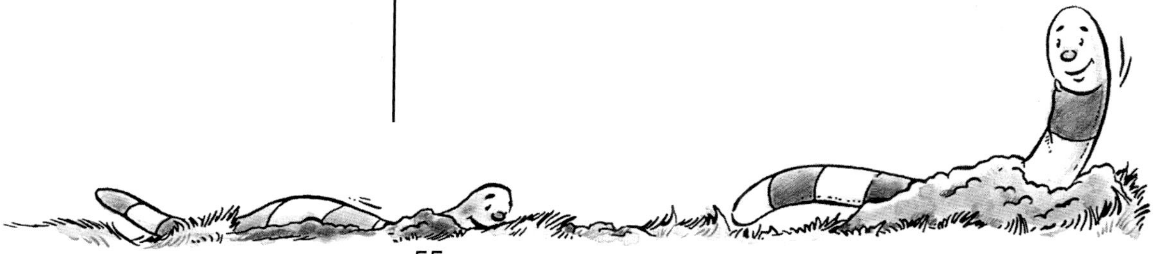

Blinde Maulwürfe (ab 4 Jahren)

Material:
1 langes Seil (evtl. mehrere Seilchen aneinanderknoten), Tücher zum Augenverbinden, verschiedene Geräte aus der Turnhalle für den Parcours, zum Beispiel: 3 Langbänke, 1 kleiner Kasten, 1 dicke Matte, 2 dünne Matten, 4 Reifen, Handtücher, Äste, Moos und Blätter

Der Parcours kann natürlich beliebig verändert werden, je nachdem, welche Materialien vorhanden sind.

Vorbereitung:
Bereiten Sie in der Turnhalle einen Parcours vor. Die Kinder sollen diesen später mit verbundenen Augen bewältigen.

Beispiel für einen solchen Parcours:

Durch den Parcours wird ein Seil gelegt. An diesem Seil entlang krabbeln die Kinder durch den Parcours.

Spielmöglichkeit:
Bei diesem Spiel werden die Kinder zu Maulwürfen. Und da Maulwürfe ja bekanntlich blind sind, werden den Kindern die Augen verbunden. Bei jüngeren oder ängstlichen Kindern, die sich das nicht zutrauen, kann man auch vereinbaren, dass sie die Augen schließen.
Nun werden die Kinder einzeln in die Halle geführt. Sie krabbeln am Seil entlang durch die Halle und müssen dabei die Hindernisse überwinden.

Hinweis:
Bei diesem Spiel benötigen Sie zwei Betreuungspersonen. Eine bringt nach und nach die Kinder in die Halle (achten Sie auf genügend Abstand) und eine andere gibt den Kindern, falls nötig, Hilfestellung.

Variante:
Sie können dieses Spiel auch gut im Außengelände spielen. Dafür wird das Seil draußen ausgelegt und die Kinder krabbeln daran entlang. Wahrscheinlich gibt es im Außengelände bereits genügend natürliche Hindernisse, sodass Sie hierfür nicht viel zusätzliches Material benötigen.

Regenwurmparcours (ab 3 Jahren)

Rollbretter (möglichst 1 für jedes Kind), 6 Pylonen, 2 Bänke, 3 Matten

Die Pylonen werden in der Turnhalle als Slalomparcours hingestellt. Mit den Bänken und Matten wird ein Tunnel aufgebaut. Dazu werden die beiden Bänke im Abstand von einem Meter nebeneinandergestellt und die Matten darübergelegt.

Sobald die Kinder auf den Rollbrettern liegen, verwandeln sie sich in Regenwürmer, die durch die Gänge in der Erde sausen.
Dabei müssen sie natürlich darauf achten, dass sie nicht mit anderen Regenwürmern zusammenstoßen.

Die Regenwürmer können auch gut auf dem Bauch durch den Parcours kriechen.

Kartoffelsuche (für 2 Spieler) (ab 3 Jahren)

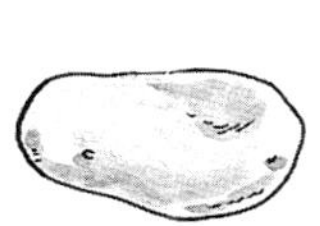

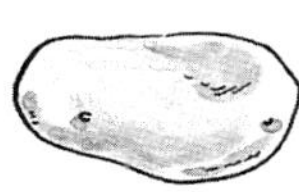

Material:
ca. 20 kleine Kartoffeln, Sandkasten oder mit Sand gefüllter Matschtisch, 1 Zahlenwürfel 1 – 6

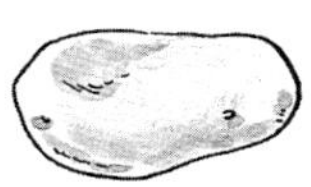

Vorbereitung:
Falls ein Matschtisch verwendet wird, wird dieser bis obenhin mit Sand gefüllt. In dem Sand werden etwa 20 kleine Kartoffeln versteckt.

Spielmöglichkeit:
Das erste Kind würfelt mit dem Zahlenwürfel. Es muss nun die Anzahl an Kartoffeln im Sand suchen, die es erwürfelt hat. Anschließend ist das andere Kind an der Reihe. Wer als Erster zehn Kartoffeln beisammen hat, der hat gewonnen.

Variante 1:
Bei jüngeren Kindern kann man auch einen Zahlenwürfel von 1 – 3 verwenden oder ohne Würfel spielen. Wer die meisten Kartoffeln im Sand ausgegraben hat, ist der Sieger.

Variante 2:
In einem großen Sandkasten können bis zu vier Spieler gegeneinander spielen. Dafür müssen dann dementsprechend mehr Kartoffeln im Sand vergraben werden.

Tausendfüßlerrennen (ab 4 Jahren)

Material:
4 Pylonen

Vorbereitung:
Zwei Pylonen werden mit einem kleinen Abstand nebeneinandergestellt. Mit zwei weiteren Pylonen wird eine Strecke von je 5 m markiert.

Spielmöglichkeit:
Die Kinder werden in zwei Gruppen aufgeteilt. Jede Gruppe stellt sich mit gegrätschten Beinen in einer Reihe hintereinander auf. Das erste Kind steht jeweils an einer Pylone.
Auf ein Kommando der Erzieherin hin schlängelt sich das letzte Kind in der Reihe durch die Beine der anderen Kinder und stellt sich mit gegrätschten Beinen vor das erste Kind. Nun schlängelt sich der Nächste durch die Reihe nach vorn. Auf diese Weise muss der „Tausendfüßler" die Strecke bis zur zweiten Pylone zurücklegen. Der Tausendfüßler, der dies als Erster geschafft hat, hat gewonnen.

Variante:
Das erste Kind stellt sich aufrecht hin. Die hinteren Kinder kriechen auf allen vieren, wobei sie sich mit den Händen an den Füßen des Vordermannes festhalten. Auf diese Weise versucht der Tausendfüßler nun, die zweite Pylone zu erreichen.

Schneckenrennen (für 6 Kinder, ab 3 Jahren)

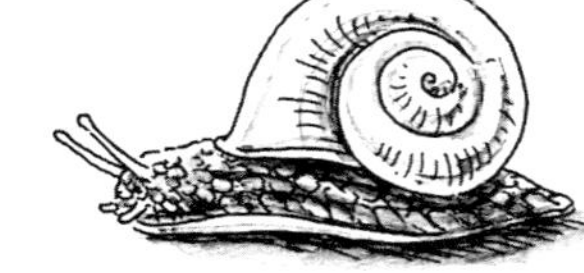

Material:
6 Tücher in den Farben Rot, Gelb, Grün, Blau, Orange und Rosa, 1 großer Zahlenwürfel, 1 großer Farbwürfel (wenn nur Zahlenwürfel vorhanden sind, kann man farbiges Papier über die Zahlen kleben), Kreppklebeband oder mehrere Seilchen, um das Spielfeld zu markieren

Vorbereitung:
Mit dem Kreppklebeband oder den Seilchen wird das Spielfeld auf dem Boden markiert. Dafür werden sechs Felder (ca. 25 x 25 cm) nebeneinander angelegt und jeweils 15 Felder dahinter. Die ersten sechs Felder sind die Startfelder, die 15. Felder die Zielfelder. Start- und Zielfelder werden mit einem Kreuz aus Kreppklebeband markiert.

Spielmöglichkeit:
Sechs Kinder stellen sich nebeneinander auf den Startfeldern auf. Jedes Kind bekommt ein Tuch in einer anderen Farbe um das Handgelenk gebunden.
Der Spielleiter würfelt mit beiden Würfeln. Hat er zum Beispiel die Farbe Rot gewürfelt und eine Drei, dann darf die rote Schnecke drei Felder weiterziehen. Welche Schnecke gelangt als Erste ins Ziel?

Variante:
Bei jüngeren Kindern kann das Schneckenrennen ohne den Zahlenwürfel gespielt werden.
Die jeweilige Schnecke zieht dann bei „ihrer" Farbe jeweils ein Feld weiter. Hierfür reichen zehn Spielfelder aus.

BVK • Jenny Hütter: Kita aktiv „Projektmappe Erde"

Spiele mit Steinen

Material:
viele Steine, Plakatfarbe, Pinsel, Kittel, Klarlack, Straßenmalkreide, Sandkasten

Vorbereitung:
Lassen Sie die Kinder im Außengelände Steine sammeln und sie mit Plakatfarbe anmalen. Tragen Sie anschließend eine Schicht Klarlack auf, dann glänzen die Steine sehr schön und sehen wie richtige „Schatzsteine" aus.

Spielmöglichkeiten:

Steinturm (beliebig viele Kinder) (ab 3 Jahren)
Die Kinder sollen versuchen, aus den gesammelten Steinen einen Turm zu bauen, der möglichst hoch ist. Am besten teilt man die Kinder dafür in mehrere Gruppen zu je fünf Kindern ein.
Welche Gruppe schafft es, gemeinsam den höchsten Turm zu bauen?

Glücksstein (2 – 4 Kinder) (ab 4 Jahren)
Im Sand wird mit der Schuhspitze ein großer Kreis gemalt. Wird auf Asphalt gespielt, kann man den Kreis mit Straßenmalkreide aufmalen.
Der größte Stein („Glücksstein") wird in die Mitte des Kreises gelegt. Jeder Mitspieler erhält zu Beginn fünf Steine. Alle Kinder setzen sich um den Kreis herum. Jedes Kind wirft der Reihe nach vorsichtig einen Stein und versucht, damit so nahe wie möglich an den Glücksstein heranzukommen. Wenn jeder einmal geworfen hat, darf derjenige, dessen Stein dem Glücksstein am nächsten liegt, alle Steine der anderen Mitspieler an sich nehmen. Nun startet die nächste Runde.
Wenn ein Kind alle Steine verspielt hat, ist das Spiel zu Ende. Nun zählen die anderen Kinder ihre Steine. Der Spieler mit den meisten Steinen hat gewonnen.

Anstoßen (2 Kinder) (ab 4 Jahren)
Beide Kinder erhalten fünf Steine und stellen sich an einer Wurflinie auf. Das erste Kind beginnt und wirft einen Stein in den Sandkasten. Nun ist das zweite Kind an der Reihe, es muss versuchen, mit seinem Stein den ersten zu treffen. Gelingt ihm dies, so darf es sich beide Steine nehmen und die nächste Runde beginnt. Trifft es den Stein nicht, darf sich das erste Kind beide Steine nehmen.
Bei der nächsten Runde fängt das Kind an, das vorher als Zweites geworfen hatte.
Es gewinnt derjenige, der dem anderen alle Steine „abgeluchst" hat.

Eingelocht (beliebig viele Kinder) (ab 4 Jahren)
Die Kinder graben jeweils ein Loch in den Sand. Die Löcher sollten etwa gleich groß sein und einen Abstand von ca. 15 cm zueinander haben.
In zwei Meter Entfernung wird eine Wurflinie gezogen. Jedes Kind erhält fünf Steine. Nacheinander versucht nun jedes Kind, einen seiner Steine in sein eigenes Loch zu werfen.
Nach fünf Runden wird gezählt, in wessen Loch sich die meisten Steine befinden. Wurde versehentlich das Loch eines Mitspielers getroffen, so darf dieser den Stein auch behalten.
Wird gar kein Loch getroffen, so gilt der Stein als verloren.
Gewonnen hat der Spieler, der am Ende die meisten Steine besitzt.

Regenwurm-Wettlauf

(Spielanleitung s. S. 7)

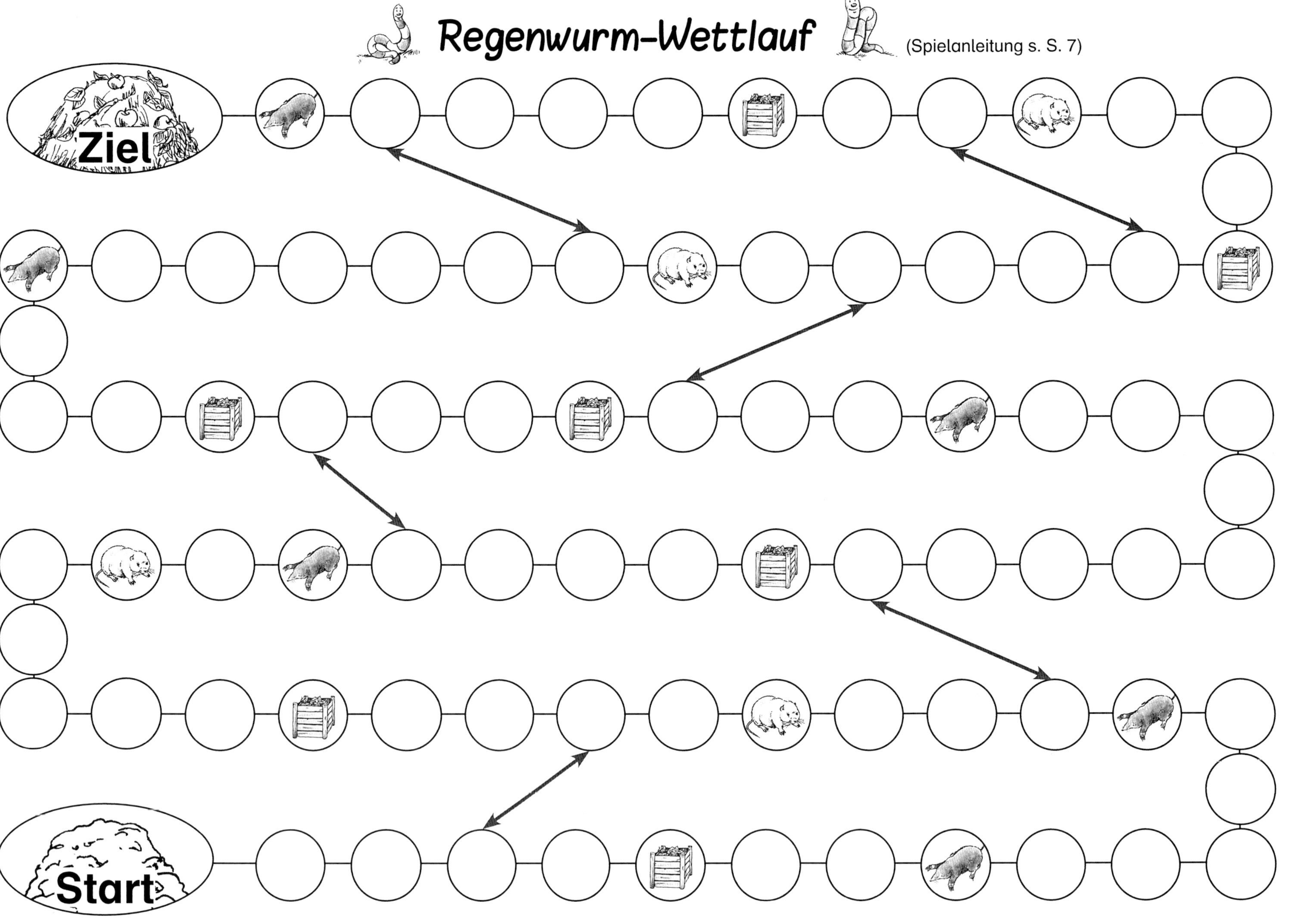